禪是你生命中的生命——真如生命，
是你一切智慧道德的源頭，
禪是無性之性，
如實地緣生萬物的靈妙本體。

佛教禪關入門

宋智明◎著

【目次】

自序

許多人在接觸禪的時候，就一直要徵問：「甚麼是禪？」但是絕大多數人希望從禪的歷史上、禪的公案中，或者從禪的研究文獻裏獲取有關禪的答案。其實，這是一種錯舉，是心靈導向迷茫的誤途。

禪是一個〇，佛祖對於禪甚麼也沒說過，因爲禪是你生命中的生命——真如生命，是你一切智慧道德的源頭，禪是無性之性，如實地緣生萬物的靈妙本體。所以當你有緣進入禪的時候，禪也就成爲你的生命的主旋律。禪便在禪人的心裏顯現爲照亮自他、融攝萬法的微妙智光；釋迦拈花，達摩西來，也完全在你的微笑裏，在你的禪坐中開拓了新的圓覺世界！

然而，當我們以禪心的悟智去舉揚宗乘、方便垂示的時候，卻苦於無法用世俗的語言概念去詮釋表達，因為世俗的語言概念祇能對世俗的心態作適當的描述，而形而上的、不可思議的禪卻不是人世間任何特定的事物，不是任何科、哲的思辨所能探討。因此，禪是在超越一切的絕對神悟中回歸自性的原本的。

由此可知，當你有心去追尋禪的悟境，為了證到禪的受用而努力走向它時，禪卻揮揮手與你永別。反之，如果你上路之後，忘機忘境、無心無為，放下自我的同時也放下對禪的所有意象，於是在即禪離禪、即心非心的當下，禪性纔在刹那之間突顯而至。

因此，當你面對有關禪的文字，不可作文字想、不可作奇特想，更不可有意去判斷分析而形成固定實執的觀念——禪無法以任何特定的意念去界定！因為禪文字祇是為顯你自心的工具，它能引發你原本的真心，開顯本具的功德。所以應以親切契入，心境相應，直照當下，不求攀緣，不落言詮，如此，看禪的心與禪的文字即融合為一相的清淨。

禪始於對人生的覺悟，禪也終止於人生覺悟的圓滿，由覺悟後的方便拈提，便有了禪文字的流佈，它是無言的妙言，參究其中，透出其外，使覆蓋已久的無明頓然銷釋，使本然的靈明洞然開顯，見到了從未見到的真實，證到了從未證到的妙用。如據摩尼之珠，如舞太阿之劍，應用無虧，活潑自在！

呈現在你面前的這本《禪觀入門》祇是禪心在種種因緣中的隨機流露，是有關如何正確認識禪、如何學習禪文字、如何參學善知識，以及如何用功修禪與悟證的關鍵，希望能給貼近禪性的行人，正確地樹立禪的正信、正願、正見、正行，乃至於如實契悟等方面有所幫助，並祈禪燈永照，法界圓明！

一九九八年五月十九日，作於詳山淨明精舍

禪的基本原理與性質

禪定的理論與實踐

作爲初機入門，對於禪定的理論與實踐，有一個大概的瞭解，是極有好處的，它能從整體中顯示禪宗旨歸的究竟與圓滿。因此在正修之前，不妨對禪定作一番細緻的觀察。

一、禪定在佛教中的地位

學佛的目的就是要成佛，要成佛就離不開禪定的實踐。禪定的實踐又須有正確理論的指導和具體方法的運用。要做到這一點，又離不開一個「信」字，沒有正確的信，所謂解、行、證都無從談起。反過來，「信」又須有三者的不斷鞏固與加深。由此可知，信、解、行、證四者是相輔相成的；而禪定一法，又是信、解、行、證不斷鞏固與加深的基礎。

首先、一個人的「信」如果沒有禪定的涵養，就會因凝聚力與悅豫情懷的不足，而不能產生因信仰而生起的精神力量。因爲信仰不僅是信佛及真理，更重要的是通過禪定的修養，得到符合真理的體驗，從而將變動的智慧轉化爲堅固信念，並依此自覺地塑造一個完整的人格。

第二、「解」是思惟活動，它是最容易流蕩的，故分別知見愈多，修行禪定就愈困難，而且不可能產生無漏的正慧。所以「解」如果沒有禪定的攝持，便會落於狂解，不能深刻地洞觀宇宙人生的真理，也不可能以其所解指導人生實踐。因此，祇有在禪的悅可於心的悟解中學習佛法，方能產生一種有力的增上種子，真正領略「解」中的樂趣。

第三、講信講解，其目的就是要應用於實踐。戒律是禪定的基礎，慧解是禪定的理論指導，而真正的實踐之道便是「禪」。由禪而悟，由悟而證，這是佛法的根本要求。慧思禪師說：「一切佛法從禪生。」可知禪在佛法實踐中的重要性。甚麼是禪?四諦、十二因緣、六度及禪、教、律、密、淨等，無一不是禪的實踐方法的不同表現，其目的都是要求行人通過禪的寂靜而悟證真理，圓成佛果。

第四、從證的角度來談禪，更能顯示禪的重要性。佛陀在成道之前，就是在菩提樹下端坐思惟安般禪而豁然大徹大悟。佛陀從自證中開示了許多契理契機的教法，從而建立了佛教。佛陀一生除了用大部分時間來闡述禪的修習處，在臨入涅槃時還順逆出入四禪八定。佛陀的果證，充分說明了禪定與證悟的密切關係。《大毗婆沙論》對禪的重要性作了如下的論述：

> 若有比丘，不肯坐禪，身不證法，散心讀誦，講說文字，辯說爲能，不知詐言知，不解詐言解，不自覺知，高心輕慢坐禪之人，如是論師，死入地獄。

由此可知，禪在佛法實踐中佔有極爲重要的地位，沒有禪，信、解、行、證都無法成立。

二、禪定的名義

禪是印度梵文禪那的略稱，譯爲靜慮，是制心一處，思惟觀修之義。另有「三昧」一詞，中文義譯有正定、正受、調直定、正心行處等，取「定」之義，即與「禪那」合稱爲「禪定」，內含有止觀、等持等義，其中以持心平等到達不動寂靜的相應狀態爲正義。《普勸坐禪儀》中說：

禪那者，定慧均等之義，以不偏止、不偏觀，寂靜審慮，平等住故，名爲靜慮。

所以禪定即是修習者的內心遠離一切妄想執著後的明朗思惟觀照，故止一切妄執即是寂靜心，觀諸法真理而斷惑即是審慮的真智。

雖然佛教有關禪定的名義沿用了印度其他宗教原來的術語，但在內容上是完全不同的：

一、印度其他教派的禪法缺乏系統性；佛教禪法則從預備修習到最終的證悟，有完整的禪修系統。

二、其他教派主張通過禪定的修行，達到與神相應進入神我世界，故一旦禪定壞滅，就會退爲凡人；佛教則以緣起中道的正見爲指導，徹底破除我法二執，解脫二種生死而得大智慧，究竟圓滿菩提。

三、其他教派的禪法一般注重身體的苦行及生理的變化，有的則以身心樂受及獲得神通爲主；佛教則主張禪定境界應以安禪適悅爲主，而呵斥不必要的苦行，同時也否定其虛妄的快樂，重視中道現量。佛在律中禁止對衆宣說修禪獲得神通之事，以免受神通的誑惑而失去證悟涅槃的究竟利益，因此，神通祇不過是修禪的副產品，不能過於執著，更不可著意追求神通。

由上可知，佛教禪定的名義雖與印度其他教派相同，但內容實質是完全不同的。佛陀以自悟自證的高度智慧反照於禪的修習，故能如此深遠微妙。

三、禪定的基本原理

佛教認爲一切衆生在本質上與佛都是平等的，所謂「心佛衆生，三無差別」。但由於衆生在意、智、情三方面每有所偏執，囿於私欲，故不能完成與佛一樣的圓滿人格。所以佛陀在初成道時就感歎地說：「奇哉！奇哉！一切眾生皆有如來智慧德相，祇因妄想執著不能證得。若離妄想，無師智、一切智，自然顯現。」這非常明白地告訴我們：一切衆生的本性原是與佛一樣，充滿著一切智慧的清淨功德，但由於無明覆蓋了本淨的自性，使我們不能從本來清淨的性體上獲證妙用，以致隨逐生死之流而漂蕩不休。故《止觀坐禪法要記》說：

本自不動，何止之有？本自不蔽，何觀之有？衆生迷蕩，去本日遠，動靜俱失，不昏即散；此二病本，出生衆苦。令彼離苦而獲安穩，當用止觀以爲其藥。

人有流蕩散亂之「動」，故用止法來凝聚之；有閉塞暗鈍之散，故用觀法來開發之。凝之又凝，無散而不止；開之又開，無昏而不破。於是即照而寂，即寂而照，天然妙性便由此而全體顯現。

梁肅在《天臺止觀統例》中說得更爲明白：

夫止觀何爲也？導萬法之理而復於實際者也。實際者何也？性之本也。物之所以不能復者，昏與動使之然也。照昏者謂之明，駐動者謂之靜；明與靜，止觀之體也。在因謂之止觀，在果謂之智定；因謂之行，果謂之成；行者行此者也，成者證此者也。原夫聖人有以見「惑」足以喪志，「動」足以失方，於是乎止而觀之，靜而明之，使其動而能靜，靜而能明。因相待以成法，即絕待以照本。

雖然佛教各宗之間對理論的認識以及修禪的方法不同，但根本的目的無一不是要證悟真如佛性，而最終圓滿無上的人格。

總之，佛教禪定的前提是衆生具有清淨的本性智慧，而修習禪定是藉寂靜的止觀力來消釋一切覆蔽於自性上的無明妄執。一旦豁破無明，親證自性，再加保任磨練，則習氣漸消，智光徹露，於是解脫一切繫縛，具足大智慧、大光明、大神通等無量妙用，成就斷、智、悲三德而圓證三身的果位。因此，禪定不是目的，借禪定的修習以達到斷惑證眞纔是目的。

四、禪定的分類

佛教的禪定大致可分爲兩大類，一是以人劃分的五種禪，二是以法劃分的四種禪。

㈠、五種禪

1、外道禪：不正信因果，心外求法；對神我、神通、氣態等身心變化有種種不正確的執著，欣上界的禪悅和厭下位的粗動，滿足於虛妄的禪定悅樂，不知心生法生的道理，故屬外道禪類。

2、凡夫禪：雖能正信因果，但祇爲現世的身心利益或爲來生的生滅快樂，不知解脫生死，耽著禪味，故屬於凡夫禪。

3、小乘禪：知三界實法之苦，深明生空之理，修四諦等解脫之道，最終以證得偏真涅槃爲果，故屬於小乘禪。

4、大乘禪：能發大菩提心，自利利他而修大乘禪法，空人法二執，逐漸圓顯中道正智，因爲恆住中理而修，故屬大乘禪。

5、如來禪：超越一切異見，融攝一切萬法，在一切諸法中，平等而證，更無差別。因其一切圓證，故屬如來禪。

㈡、四種禪

這四種禪的分類，是智者大師根據佛陀一生所說禪法的內容收攝歸納，可視爲一切禪法的總集。

1、世間禪：指凡夫、外道以及大小乘人共修的禪法，是一切禪法的基礎。它的修法純屬相對意識，可達到不同層次的相對寂靜狀態，由於各人修禪時的出發點不同，其結果也大不一樣。由四禪定、四無量心、四空定等十二門禪而組成。在四禪前還有粗住、細住、欲界定、未到地定的次第過程。

2、出世間禪：指從相對意識過渡到絕對精神的禪法，其主要目的是斷除三界的見思煩惱，證達超越時空的虛靈明覺境界，脫卻外界一切的誘惑，歸返於永久持續的寂靜狀態。此禪爲大小乘所共修，內容有觀、練、熏、修的四方面。

(1)、觀禪：有九想、八背捨、八勝處、十一切處等觀修的禪法。

(2)、練禪：依九次第定的順序練習。

(3)、熏禪：通過熏熟自在性的練習，能順逆自在地出入禪定，即獅子奮迅三昧。

(4)、修禪：進一步在九次第中修治禪定使之精妙，即超越三昧。

經過四方面的訓練修習，便能離諸煩惱，自在地證入涅槃。

3、亦世間亦出世間禪：此禪既通於世間禪，又通於出世間禪。從淺處講，是與凡夫外道等共修的；從深處講，則從小乘乃至如來禪，都攝在其中。因爲此係禪法的不定性及修習者的悟解不同，可獲得不定的結果，故又稱不定禪。一般分爲三類：

(1)、六妙門：分爲數、隨、止、觀、還、淨的六個法門，又有十個層次的不同悟證，而於一一門中，又具互攝互轉的功能，因其法微妙能使行人通至涅槃，故稱爲六妙門。

(2)、十六特勝：這是由十六法組成的特殊修法，其次第勝進的功能特別微妙，故稱爲十六特勝。內容是：知息入、知息出、知息長短、知息遍身、除諸身行、心受喜、心受樂、受諸心行、心作喜、心作攝、心作解脫、觀無常、觀世散、觀離欲、觀滅、觀棄捨。

(3)、通明禪：行者在四禪、四空定及滅盡定中，通過身、息、心三者的修習，從而開發三明六通，故稱爲通明禪。

4、非世間非出世間禪：此禪係最高的悟證之道，是不可思議的實相禪法，能夠超越一切對待而證悟一切平等的圓滿大覺。其修法內容有九種大禪、百八三昧、念佛三昧、般舟三昧、禪宗的參悟、天臺止觀的實相禪等。修這一系的禪法，要有相當的見地方能體會，否則，精神素養不足，中道見機未圓，絕對無法進入正修。

五、禪定實踐的四大綱

佛教的修持經過歷代高僧的禪定實踐，基本上形成了參禪、止觀、持咒、念佛四大綱，其中除了方法上的差異外，在原理、目的等方面都逐漸趨向融合。

㈠、參禪

參禪最重要的是明根本，直下承當，時刻返照。如果己眼未明，還須參訪善知識，以開智眼。如根本已明，但定慧力量不足，則須用方便法修習。方便法很多，基本不外看公案、參話頭、默照觀心，乃至修止觀、持咒、念佛等，久久修習，處處消歸，不生一切異見，則因緣時節到來，必有證悟現前。如百丈云：「靈光獨耀，迥脫根塵，體露真常，不拘文字，心性無染，本自圓成，但離妄緣，即如如佛。」祇要親證本性，即是圓成佛道。

㈡、止觀

教家都有觀法，但目前以天臺止觀最爲流行。修天臺止觀首先要明解圓理，要認識性德本具及修德功用，然後即能全性起修，全修在性，性修不二，如此方合佛法宗旨。在具體的修法上因人之根機不同，分爲三種止觀：一是圓頓止觀，這是圓頓根機的人，直接依現前一念不可思議之境，起一心三觀之修，直悟性體，便起妙用。但圓頓中亦有三根不同，故又立十乘觀法與十境差異。二是漸次止觀，這是圓漸中根之人，無法直接起觀，故須從次第的三止三觀下手，漸次悟證性體。三是不定止觀，這類人根機不定，故依六妙門進修，即能獲得相應的悟證。

天臺圓頓止觀可與參禪融通，也可與念佛禪、無相密相應。

㈢、持咒

這一類禪法是借佛、菩薩的三密來轉換自己三密的方法。持咒特重咒音的準確，故須有上師傳授，並要注意思想修養，否則如見地不純，就易發生偏差。

㈣、念佛

念佛是以果地覺境而爲因地修心爲方法。重點雖在於信願，但理性的認識及下手工夫的要妙，也不得不注意。如以凡夫情見去修念佛禪，往往得不到真實的利益。念佛禪一般分爲三類：一是持名念佛，淺的是事持，誠心即可，深的可入理境，如「即持名即實相」之法，也可與一心三觀配合，成實相禪。二是觀想念佛，這是借境換心的方法，有觀西方勝境與觀佛像兩種，形象思惟較好的人，可作此觀。三是實相念佛，深明理性，直契佛源，念而無念，無念而念；時時體究，悟證實相。此即與般若智慧融合的念佛方法。

以上四種大法門中，前二種，以自力修禪爲主，後二種則以自他兩力加修爲主。無論那一種修法，當達到真境現前時，都是一般無二，故法法圓融，歸源無二，祇是證顯本來面目而起其無量妙用而已！佛教禪法從本性上建立方便，然後在修習中不斷地深入，最後完全呈現自性的本態，功德圓滿，智慧無缺，這就是所謂成就佛果，究竟道業。

佛性與修行

佛性是宇宙人生的內在根本，是十法界或淨或染的實相本體；修行則是悟證佛性的手段和顯發本是妙德的途徑。對於佛性與修行的不同層次的認識和體驗，可以看出一個佛教徒的精神面貌與修爲素養。

通過觀察而知，在一般佛教徒中存在著以下六個層次的修性問題：

一、不明佛性，不知修行

不明瞭佛性的真實意義，也不知道如何去依法修行。這有二類人：一是專事求拜的信佛者，祇會到寺裏燒香拜佛、祈求福佑，不知佛是何人，法是何義，如何纔是修行等等，故全然不明佛性義與不知修行法，屬於佛門中的迷人。二是偏於文字名相的滯法者，僅從事於概念性的探索，不知會歸自心，也不去轉化身心，改造習氣，因此，雖知佛性的名詞而不明佛性的真實義，雖然瞭解修行的方法，卻不知修行中的真法味，仍屬於佛門中的愚人。

二、性外執法，盲修瞎鍊

認爲在本性外必有一個真實的法，可以通過修行而證取，於是偏執身心境相等虛妄之法，而去盲目地修持，無智的練心，結果必將因執法之故而入魔。這也有二類人：一是由於外道著相的習氣，或是因爲練過氣功受其影響，在進入佛門後，總以爲有一個實法可以修，有真實的境界或功能可以開發，於是偏執身心境相，一味追求虛妄的體驗，其結果與佛法適得其反。二是行者雖然沒有嚴重的執法著相習氣，但由於師父在引導時，不注意智慧的啓迪，解脫的現證，而祇側重於法與相上去教導，結果導致執法入偏，以自己虛妄的體驗爲真實，堅執不去，同樣也落顛倒之中。

智者大師曾說：「一切佛法祇是除障顯理的方便。」佛性本具一切法、一切智，如果理外執事而修，必落邪道。所以學佛者應從理起修，返修歸理，方達事理不二。

三、謬執佛性，不務修行

沒有真正明瞭佛性真義，而以謬見所執的某一種理解或某一種境界做爲佛性的契悟，並以爲佛性本具一切法，是現成的，祇要守住此見或此境即可成道，而不必通過修習的手段，於是依舊是凡夫顛倒的思想與行爲，反自肯爲超脫與自然。這一層次是由於對佛性的片面理解所形成，在禪宗裏所謂的口頭禪或文字禪，自以爲悟境超越，而實乃意識分別在起作用，仍然是妄心取理而成謬執，因爲謬執佛性本然，不必修習，不轉身心，其結果不是「莽莽蕩蕩招殃禍」，就是隨境流轉入生死，於成佛成道之大事毫無裨益。

另一種現象是因爲某一種境界的開發而謬執以爲是佛性的，如見到光、證於空、發慧解等等，從此便住於此境而以爲見性，不知仍是能所對待的妄知，因謬執爲是故，便產生了連鎖性的妄境疊現，於是執守不離，以爲得道，不再從事改造身心、掃蕩妄習的修持，從此一迷再迷，或呈詩偈，以爲了悟之傑作；或呈神異以爲道力之充盈；或慢心高舉而自立祖師，如此等等，其結果是一盲引百盲，相牽入火坑，滑到邪道上去了。

佛性即是覺性，本來沒有生滅、能所等對待相，因是常住不可變改的，所以祇有真正離知之後，纔是真實的悟入。如果執有一見，著在一境，都與佛性毫不相關。反之，如能依性起修，親切契證，那麼，無一法而非佛性之妙用了。

四、依法行持，暗契佛性

以正確的知見，遵依符合自己根性的法門去努力修持，日積月累，堅持不懈，久久之後，麤垢漸脫，妄習得轉，心智迸發，雖不求見性，而於冥冥之中，即與佛性之空靈無住之德，暗暗契合不二。這一類人往往是老實修行，知見正確，行持專一，不再抉擇分別、取捨不斷，而是一心一意地朝於斯夕於斯地綿密用功，由於行解相應，淨慧便得以開發，自然能與佛性合拍。淨土宗老實念佛人，以及禪宗真心參究者，或密宗中遵師法而觀修者，都是屬於依法行持，暗契佛性的行者。

佛性人人本具，個個不無，祇要消妄，必得顯真。因此，證不證真，祇在消不消妄。如能不滯路途，功行不止，必有大顯妙德的時刻到來。

五、初明佛性，善養護持

剛剛打開本來，親見佛性，真明虛豁之心，歷歷目前，時時不昧。由於是初初明悟，其力未充，無始以來的無明積習仍然深藏識田之中，因此還須善自保護此一段靈妙真心，不隨逐妄境，不依倚身心，使養之成大——成就處處無礙的自在妙用。但是如果守護不當，或住於偏空，或執著穩當，或妄生實見等等，便難以發起廣大菩提心，行度生之方便道，那麼，也就不可能成無上勝果了。

智者大師在《法華文句》卷第十中說：「佛性有五：正因佛性通亙本當。了、緣佛性種子本有，非適今來也。果性、果果性定當得之。」意思說：「真如法性的理體無論是聖是凡都是同具的，而智慧觀照的了因佛性與六度萬行的功德行願的緣因佛性，是由過去生修習熏陶而種下的，而正覺之智的菩提果佛性和大涅槃的果果佛性，則是通過了緣佛性的修習而必能證得。」

由此可見，雖有正因佛性，還應以正智觀照真俗、空有不二之中道，再施以廣利衆生的六度萬行之方便，纔能夠成就無上菩提果覺。所以初明佛性的人，切忌死住此性而不行菩薩之道。

六、稱性起修，全修在性

佛性是無在無不在的真明，隨心所照，即境明心，所以一切改造身心、調斷妄習之修持，一一均從此性真明而起用，即是無修之真修。而時時處處的心身之法，也無不是空靈佛性的本然之妙德，真修無修也。這一層次的人最得圓融妙悟，真正會得性修不二的中道正旨，如此稱性起修就是圓修，而因無處不圓故，即得活潑妙用矣！

佛教最注重的是中道精神，無論學那一宗，修那一法，都要體現這一精神，而稱性起修，全修在性之旨，正是中道精神的實際體現，如果行人按照這一精神去行持，必能速得成就。蕅益大師所謂大開圓解與未開圓解之人的修行日劫相倍之說，正是說明依此中道精神去修行，雖僅修一日，卻又超過不得要旨的一劫修持之力，所以功德真是不可思議！

以上所述的六層狀況，乃是概指諸宗行人所出現的現象而論，實未詳盡披陳。學禪者可以藉此六層之意境，對照自己的行持與體驗，使自己在菩提道路上，更加深化透脫，使一一之行均符佛意，契合中道，則聖道必得證成矣！

漫談禪人與坐禪

在當今時代裏，湧現了許多禪的行人，他們學禪、修禪、坐禪、悟禪、證禪，使絕響多時的禪領域裏平添了春光秋色，忽然間壯觀了起來。在現代的禪門中，由於禪的生活化與社會化，便在不同人格裏，出現了千彩紛呈的禪現象，如與氣功結合的禪，與工作、事業結合的禪，還有與異教邪門結合的禪，更多地當然要算與人生實踐結合之禪了。而對於真實悟證的禪，雖也有不少人問津，卻因師資的缺乏等原因而使人難以契入。這與唐、宋禪風興盛的時代是截然不同的。

但是無論是那個層次的禪，最重要的是認識自己，明了自己是何等的禪人，是如何坐禪的，究竟坐在何處？

下面僅就當今時代所發生的禪現象作一概述，期望禪的行人，步出泥潭，跨上正道，登堂入室而成佛作祖去！

一、坐在惡道裏的禪人

一個生性偏私的人，因爲生活的窮困，名譽的渴望，權欲的需求等等原因而進入禪門，或者原修氣功，繼而涉及禪法，便以禪人自居。由於以個人的利益爲出發點，且既無佛教基本的熏習，對於高深的禪理更無修養。因此，在最初的發心上便產生了嚴重的失誤，所以在禪修實踐過程中，乃至在生活行止上，都處於惡道的心理狀態，以其惡業的驅使，使禪的修爲也成了墮落之因，不僅自害，還會污染禪的神聖與莊嚴。

惡道心理的禪人可以分爲如下六類：

一、爲了貪圖錢財，牟取暴利而學禪、修禪。這類人發心既不純正，修禪更不如法，還往往以禪者自居，說些高深莫測的禪語，唬弄初學之人。或者以辦禪學班、收弟子、治病等手段欺騙他人，詐取錢財。這一類人因爲沒有掌握禪的真義，所以往往使人誤入歧途，造成身心的損害。照智者大師的說法，這樣的禪人便是地獄的心理，惡業深故，便常坐在地獄裏。

二、爲了名聞四方，受大衆的贊歎，故而進入禪門，修禪打坐。因爲以名聞爲出發點，所以難免故弄玄虛，刻意地打扮自己。把門面搞得道貌岸然，而內心卻是一點禪都没有，稻草一團。這類人爲了名譽故，到處吹噓自己，說自己的悟境如何，工夫如何，神通如何，引得無智初學之人，神魂顛倒，敬仰欽慕，因此而受矇騙，落入邪僞的火坑。

由於表裏不一，以假充真故，猶如鬼神的心行，所以這類人無疑常坐在鬼神道裏而得意洋洋，傲氣十足，到頭來便隨惡業墮落鬼神道裏受報。

三、爲了權欲之心未了，故進入禪門後，仍念念不忘爲衆人之頭目，率無數之弟子，發號施令，以禪門領袖自居。因爲這類人權欲太重，歡喜恭維，貢高我慢，所以一旦出頭，便使禪門爭論不休，形成派性，由此矛盾愈演愈烈，禪門便無寧日了。

因爲以權欲爲前導的不良動機，影響所及，禪人所求的不是悟道而是權位了。故而喪失人性，變成了畜生的心理。所以，滿心權欲領衆志，到頭妄想成顛狂，畜生道裏坐禪人，還入異類受劇苦。

四、有一類人由於嫉妒心特別重，常懷勝他之意。所以當他進入禪門欲修禪時，便隨時與同行禪人發生比較心理，總想勝於他人。如見有人在各方面比他好，便心懷不服，刻意尋師求法，拚命修禪，以期超勝他人，獲得勝利滿足。因爲這樣的人嫉火中燒，內心不平，求學不真，用心不切，故而未能與禪相應，所以在整個修學過程中，都處於顛倒妄想裏，心既不能內住，意也無法安靜。嚴重的還有出現顛狂、吐血等病。

這類人雖然不會直接損害他人，但因嫉火猛盛故，也易引起爭論，產生矛盾，也會損害於他人，乃屬於半善半惡之人，智者大師定之爲阿修羅道的禪心理，命終之後便與修羅爲伍。

五、有些禪人，道德品行極差，人格修養很低，所以基本的五戒都未能守護，常犯殺生、偷盜等戒。因爲不守五戒而行坐禪，其結果人身難保，惡道有份。佛經說戒為定之基，無戒即無定，無定則無慧，禪以慧學而攝戒定。如果連基本五戒都不認真持受，則一切行止，都在造惡道之因，便隨其輕重而受報。

六、傳播邪法與以法害人之人。這一類人本不屬禪門中人，衹因其投機取巧，混進禪門，說些似禪而非禪的假禪法。《慧命經》、《伍柳仙宗》等，均以會禪自居，而所傳之法與禪根本乖違。現在也有人以禪會通道教與氣功等功境，往往造成初學禪人的誤解，形成著相的習慣，導致禪修的偏差。

這一類人專以邪法假禪害人之故，不僅使禪門魚龍混雜，更嚴重的是引起反動會道門及邪派的猖獗。所以亦是以其惡業也必墮落惡道受無量苦。

以上六種坐在惡道裏的禪人，均是假禪人，因其動機不純，行法有誤，故而造成不良的影響。由於沒有禪的根器，所以不宜留在禪門中，應依教漸次修學，斷除邪見與邪行，然後纔能逐步上進，也可成爲佛門的優秀弟子。

二、禪在欲樂中沈沒

一個禪人如果貪圖坐在舒服裏、坐在禪樂中，充分享有歡喜、享受著五欲。那麼，他就忘不了他的身體，很想保有這生命的長久，希冀在短暫的一生中，盡可能地得到精神與肉體的樂趣。因此，可以說，這樣的禪人是被欲樂沈沒而不能自拔，禪的真境便無法顯現，無上的道業也難以返觀其心，唯有今生的禪與欲交織的網，把他的生命推向終點。

這樣的禪人，雖不作惡業，也不壞五戒，更不會爲名利私欲等損害他人，但因不了三世因果，不知業報往來，唯認一世的欲樂，不求來生增進。所以祇圖一生的欲樂故，心量比較狹窄，眼光顯得短淺，凡是對他的禪樂有利的便欣而求之、貪之，反之，則惱之、瞋之。因此，其心地必反覆無常，苦樂往來，難以安寧。到頭來貪求欲樂反被樂縛而不得自由，雖不失人身，但以欲樂故，仍與禪背道而馳。

另一類禪人，其初的動機也是想通過禪而得快樂，後來當瞭解人生的因果輪迴的規律後，纔明白今生的快樂與前生的善業有關，而來生的快樂與否也全在今生的善惡之業的造作。因此，他爲了來生能增進勝妙的快樂，希望能生到六欲天界去享福報，而要生到六欲天，則應修不殺、不盜、不淫、不妄語，不兩舌、不綺語、不惡口及不貪、不瞋、不癡的十善業。因爲持十善業而在品行的修養上有所提高，故也能利益他人，在禪修上，雖然對禪的愛昧之心未斷，卻也能由粗住到細住，再由細住到欲界定，達到身空境空的地步，充分享受著輕安的歡喜。這樣的人，臨終之後便生到六欲天隨業受天界的福報。

如果前二類的禪人中，由於受外界邪師與不正確的理論的誘導，引發了內心的無限的欲望的種子，便在禪坐中產生心理變態，一意地追求特異功能等神變幻力，妄想自己產生無限的能力攝受大衆，任意差遣，使自己享受無盡的快樂，並使他人的功能與禪樂都爲自身服務。

這種無限擴張的欲望，造成了魔羅的心理，於是外魔附體，便有可能出現出神、幻變、幻身、幻景等功能，或者可以經久入定，僻穀，或者以其魔功能給人治病、教功等，往往產生奇蹟。但世人不瞭解乃是魔所幻作，以爲是有道之人，便爭先拜師，依止門下，成了魔子魔孫，對於道業，貽害無窮。雖是魔心欲望所驅，但也能作一些善業，利及眷屬，故臨終後便成了六欲天的天子波旬，統領著尋求欲樂的人們走向生死的苦海。

三、被光與空包裹的禪人

禪人在修學與觀察中，逐漸明白了所謂欲樂的享受，無論在今生與來世，都不過是短暫的生滅無常之法，乃是衆苦之因，顛倒之本。因此，不再生起貪求欲樂的心理，也不住著於輕安之中，一切轉向離欲的清淨。

這類人往往來自三方面：一是對佛教教義如四諦、十二因緣等未能真實瞭解；二是從道教等著清淨相的實法中來；三是從氣功修鍊中精神得到昇華後而滯於淨相。但比較前面所述的禪境是好非壞，而於生死大事，卻無法了脫，以其修因之功，便可獲得梵天與空天的果報。

離欲的禪人，就很容易進入初禪乃至四禪定。隨之而來的就有光明的顯現，即外視光、內視光、身光及放光等，於是便常坐在虛妄的淨光中覺受定、喜、樂、捨等境界。因爲不知這些覺受仍是五蘊的假和合，根本沒有實體，祇不過是因心與法相應的一種暫時的反映，所以滯守光明，不得超越，於是不得解脫，不能因定開慧而證聖果。

如果從光明境界中，認識到光明仍是相對之法，意欲捨離，便在定中起空的觀察而入相對之空，繼而入識無邊處、非有想處、非想非非想處等定，通稱爲四空定。禪人到了這個地步，雖然心境俱很微細，但仍是生滅相待之法，如住在其中，也不能了脫生死，出離三界。雖然如此，到了這一境界也極不容易，如果宿有慧根，能於定中窺破微細覺受，不滯不住，則能滅盡一切煩惱之受而入滅盡定，即於此定中證阿羅漢果，成爲界外聖人。

由此可知，如果被光與空所包裹，不知乃虛妄心之所顯現，認假爲真，樂處其中，不願捨離，就不免受其束縛而成爲生死業報，不得解脫。因此，平時如有教理的熏習，智慧的觀照，那麼，到了光明與無念的境界中，就有可能頓起觀慧，照破執心，便頓然清明，豁開本心了。

所以修定學禪，出離心與菩提心很重要，同時對教義的圓解，法行的層次等，也須一一深入。明代以後的許多禪門祖師都提出，學禪之前必先明教，不然即易入歧途，可謂切中時弊。

四、冥想利智是邪禪

禪人在坐禪中冥想得到一種理論以解決人生宇宙的問題，試圖通過它尋找到萬物的根源而得到真實。或者因在禪定中見到某種特殊的異乎尋常的境界而以爲是宇宙人生的最後真諦，執而不捨，遂形成了牢固不破的「見」。這種「見」由於來自於思惟高度發達後所產生的利智，與「空」的真實與緣起的規律不符合故，稱之爲邪禪。

在古代印度有六師外道，通過冥想而確認了人生萬物的真理，他們有：

一、阿耆多師外道：即後來順世派的先驅，具有唯物思想，認爲地、水、火、風四大元素是獨立常存的，人和世界由四大合成；否認靈魂，人死復歸四大。人生的目的，即以求得快樂爲滿足。

二、散惹夷師外道：一種直觀學派，對一切問題都不作決定說。如對有無來世，有無果報等等，他們認爲有即有，無即無。很難捉摸。這派人主張踏實地修定，以求得真正的智慧。

三、末伽梨師外道：是定命論者。主張沒有業報，沒有父母生身。一切修行都是空的、無用的，祇要經過八百四十萬大劫，到時不管智愚，都得解脫。他們還認爲人身是各種元素構成的，也含有某種程度的唯物思想。

四、不蘭迦葉外道：學說與末伽梨相似，也否認善惡業報和婆羅門教。主張縱欲，是倫理的懷疑者。

五、波浮陀師外道：也否認人的行爲能發生甚麼影響，說人身是七種元素構成，七種元素一離開，就是死亡。元素是永久存在的，也有唯物思想。

六、尼乾子師外道：後來發展爲耆那教。其前則有自由主，主張七句義：一開始，分世界爲有生命和具生命兩類；生命不得解脫則是由於業漏、縛；因此，就須遮、滅、解脫，以消滅業，他們認爲業報太重，要讓業報加快結束，就須苦行，故主張苦行。

人類的認識莫不來源於三個因素，一是他人的理論學說，二是自身的經驗，三是冥想的結果。古代印度六師是這樣，現在許多哲學理論的產生也是這樣的。而這些所謂的利智，就因爲在禪思中把前三種來源加以深化，抽象出新的概念，所以都不能真正悟證人生宇宙的真理，不能會入真實的空而超越一切相待的罣礙，從而得到解脫。因此，佛教稱凡是通過冥想思辨得到的真理，都是錯謬的，不符合宇宙實相。所以概指爲外道。

正因爲外道有思想，所以在禪思中尋找不到真實的答案時，他會明白一切的思惟不可能得到如實的境界，所以原修學於散惹夷外道門下的目犍連、舍利弗等一聽到佛的開示，便立即悟了道。可見外道祇是在尋求真理的過程中，走了歧路而已，一旦接觸到佛法的真理，也能契入實相的。但如果執守謬理，那就隨著他的知見而去創造他自己的業了。不僅古人如此，現在的氣功界與一些佛門禪人，也試圖通過對各種問題的思索冥想以達到解決問題的目的，於是引發出許多不符合真理的理論，對真實的諦理產生誤解。佛教並不是不主張人思考，而是教人在思考時要把主客相對的東西去掉，要揚棄情感與妄執，要使自心相契於如實的真空而起微妙的觀照，如此纔能悟證實相，纔算是正確的無思之思——智慧。

五、禪寂中的出離人

人生是大苦聚，無論在六道裏的那一界，都要受八苦、六苦、三苦等的支配而不得自由；人生是大煩惱處，無論是那一念，都在住相生心，顛倒妄想，故而隨處造業，暫無休息。所以，一個禪人真正瞭解人生的痛苦與煩惱後，便不再渴求三界內的暫時的安樂，不再以黑暗爲光明，以漂流爲歸宿，他要求得到涅槃的寂靜，要求得到斷愛後的清涼，要證取永恆的真實。於是一種出離三界苦惱的心便猛然提起，所謂「視三界如火宅，觀五陰如怨家」，一意於出世的事業，不再欣樂世俗的欲樂與禪的愛味，更以智慧與道品之故，也不住於光明與空等境界。因此，在定慧交資中，由見道而修道而不斷地解脫煩惱，直至三界八十一品思惑斷盡，便超出三界，成就阿羅漢果。這是聲聞人以禪寂會入無漏智而證涅槃的過程。但因爲發心在於自了，智解落於偏空，所以雖爲界外聖人，卻不能像菩薩那樣心量廣大，智解無礙，圓會諸法而空有齊觀。所以菩薩能起大妙用，度衆生，莊嚴淨土，而羅漢卻不能，因此，佛斥爲蕉芽敗種，智者大師判爲偏小之輩。即以其發心太小，祇顧自了，所以仍未與佛道相應。

除此之外，還有緣覺乘人也以出世爲要。因在禪寂中觀人生之由來乃在於十二因緣的三世遷流，故而了知祇要滅卻無明之本，那麼行、識、名色、六入、觸、受、愛、取、有、生、老死的十一支，也自由滅盡，如斫斷樹根一般，枝葉自然枯萎。但緣覺人雖斷無明而證辟支佛果，也因悲願不普，結果也滯於空寂，不能起無盡妙用。

以出世爲目的而修禪，較之前面幾種禪人要超勝許多了，且爲佛門正道，出苦要徑，原無可厚非，但學佛修禪，應具大丈夫氣概，不可僅爲個人自了爲足，所以應上求佛道，下化衆生，普爲法界一切衆生發起菩提願心，方契佛意。

六、坐在衆生心裏的禪人

初發菩提心的菩薩禪人，在禪的思惟觀察中，見到一切衆生處於無邊的痛苦猶如自己身受一般，故發起救拔衆苦的心願；又因了知一切衆苦之因，乃源於無盡的煩惱心理與業的造作，故發起悲智方便而欲斷一切衆生的無明顛倒。斷惑離苦，必須學修無量法門，方有廣濟的力量、善巧的運用，故而菩薩應事廣學世出世間一切法門。而這一切都是爲了使自己與他人共同成就無上佛道。

由於心量廣大，超勝二乘境界，所以在禪行中，便有無限的包容力與開拓力，不斷地爲服務於衆生界而努力。

這類禪人，通過教理的熏陶，善知識的啓示，人生實踐的觀察，禪定中的如實的思惟，在智慧上逐漸接近於佛法。但因爲初發心之故，見道未真，情想未去，所以在悲心與宏誓的背後，仍不時地湧動著情識之波，著相的習慣也經常表現在行持中，難以超越。如以天臺宗判定，則屬於藏教的菩薩。由於以著相心去行六度萬行，雖能培廣大福報，而愛見大悲未斷故，仍不能深入佛法。

此類菩薩如果經過一段的弘法利生事業後，再從事專修慧觀，如閉關、打七等，由滌定而妙照，徹見實相，證入三昧，然後纔能不住兩邊，無住而用，即入自在無礙之地。

由於菩薩禪人以衆生心爲心，所以處處無心處處心，到處隨緣自在行，那麼他就常在衆生心中而得妙用了。《華嚴經》說：「心佛衆生，三無差別。」禪人如悟無差別之旨，行無分別之法，修無修之禪，那便常處不動之貞定了。

七、人去樓空禪不見

上來把禪人的行法排了一個隊，並列出許多層次來，其實這些不過是因人立法的方便說而已。究竟說來，本來没有人，也没有禪。人是虛妄的概念，禪是不了的法。如果我們真能透過人的主觀情見，去實踐於禪的悟證，那麼，總有一天會達到「人去樓空禪不見」的境地。此時無法可說，更無表詮的必要，因爲盡山河大地，三藏十二分教，諸祖公案，一一無非是本分中事，別無一法可得。但正於無法之中，塵說剎說，妙用無盡，所謂「頭頭是道，處處皆圓」。到那時，没有人而妙心恆應，不見禪而禪性常在！

八、不二智慧是眞禪

從來佛法無多子，一句了然超百億。何謂一句？一句者不二法門也。佛教真正的禪，即是不二中道，禪人見徹不二之理，便是見道，如以不二隨順而修，即是不思議的無修之修。

禪人悟得不二妙旨，便可直上孤峯頂上坐，既不落世諦差別，也不住聖諦階位，一塵不雜，一絲不掛，任運自在方便無礙。

遠在佛陀時代，舍利弗一次在林下宴坐，維摩詰居士來對他說：「唯！舍利弗，不必坐是爲宴坐也！」舍利弗是法身的示迹，所顯爲聲聞人的寂禪行，所以歡喜林中宴坐，滯在偏空的一邊。維摩詰亦法身大士，但居菩薩位故而說大乘法。那麼舍利弗宴坐有何不對呢？其有三義：

(一)、是甚麼東西在坐

如果是身體在坐，身乃四大之組合，本是無情物，既不解坐，也不了法，故與道無關，禪不在身坐也。過去馬祖道一在南嶽衡山打坐，懷讓禪師以磨磚作鏡喻破了他身坐的執著，又說：「你學坐禪，還是爲了學坐佛？如果是學坐禪，禪非坐臥，若學坐佛，佛非定相，於無住法，不應取捨。你若坐佛，即是殺佛。若執坐相，非達其理！」所以執身坐成道乃是謬見，與外道邪師之見相類。

身坐既不是，心坐是不是？心是生滅之法，剎那剎那地流變不停，究竟住在何處？過去心已滅，現在心不住，未來心未到，因此三際求之心不可得，心既不可得，所以以心求住亦非正住。《六祖壇經》中的神秀弟子志誠原以住心觀靜爲入道之法，並以心拘身，常坐不臥，後被六祖所訶，即契本心。

由於身心均不可得，所以維摩詰居士對舍利弗說：「夫宴坐者，不於三界現身意，是爲宴坐。」真正的宴坐是與法身相應，法身是無相之體，離諸身心的執著，所以了達一切法空而證法身時，就不於三界現身意，此即超越身心的掛累而得自在的禪坐。

㈡、道在通流

有人問：維摩詰居士訶指舍利弗宴坐爲不是，那麼禪不在坐耶？禪是人人本具的真心，本不在坐與不坐，但因未了法身實相，故也不妨借坐禪而悟道。如果滯在坐上而見有爲之功，那便使大道滯於一途而不得超然自在了。所以六祖大師說：

迷人著法相，執一行三昧，直言常坐不動，妄不起心，即是一行三昧，作此解者，即同無情，卻是障道因緣。善知識！道須通流。心若住法，名爲自縛。若言常坐不動，是亦如舍利弗，宴坐林中，卻被維摩詰訶。

可見並不是不要禪定，而是要不滯一端的貞定，要真見實相而起妙用。因此，維摩詰又對舍利弗講：「不起滅定而現諸威儀，是爲宴坐。」不起滅定者，真性之妙定也，現諸威儀者，真性之妙假也，空假不二，中道歷然，此非實相大定乎？所以禪心無心而無所不心，其妙在空一切執而用一切法也！

㈢、道在心悟

大道本來現成，而迷人不知。但要知「道」，卻先要離一切分別之知與禪道之心。所以道在心悟，真能悟契妙道，那麼，處處是坐禪，凡夫事也即佛事了。

《六祖壇經，機緣品第七》中述智隍悟道因緣云：

禪者智隍，初參五祖，自謂已得正受。庵居長坐，積二十年。師弟子玄策，遊方至河朔，聞隍之名，造庵問云：「汝在此作甚麼？」隍曰：「入定。」策云：「汝云入定，爲有心入耶？無心入耶？若無心入者，一切無情草木瓦石，應合得定；若有心入者，一切有情含識之流，亦應得定。」隍曰：「我正入定時，不見有有無之心。」策云：「不見有有無之心，即是常定，何有出入？若有出入，即非大定。」隍無對。良久，問曰：「師嗣誰耶？」策云：「我師曹溪六祖。」隍云：「六祖以何爲禪定？」策云：「我師所說，妙湛圓寂，體用如如。五陰本空，六塵非有。不出不入，不定不亂。禪性無住，離住禪寂；禪性無生，離生禪想。心如虛空，亦無虛空之量。」隍聞是說，徑來謁師。師問云：「仁者何來？」隍具述前緣。師云：「誠如所言，汝但心如虛空，不著空見，應用無礙，動靜無心，凡聖情忘，能所俱泯。性相如如，無不定時也。」隍於是大悟。二十年所得心，都無影響。其夜，河北士庶，聞空中有聲云：「隍禪師今日得道。」隍後禮辭，復歸河北，開化四衆。

從上例可知，二十年之久坐，還不如一時之悟力，一悟即能頓超二邊之執，所以放手空行，立證覺地。就此，維摩詰對舍利弗又道出四句妙義：

> 不捨道法而現凡夫事，是爲宴坐。心不住內，亦不住外，是爲宴坐。於諸見不動，而修三十七道品，是爲宴坐。不斷煩惱而入涅槃，是爲宴坐。若能如此，佛所印可。

如果我們也能於此四句義中悟大道，那麼，又何處非禪呢？

禪的正見研習與參學

從學佛到入禪

禪不可學，可學則非禪；禪是佛心，欲證佛心則應從學佛開始，逐漸深入，方證禪道。而學佛之路是漫長的，從近一點說，要盡畢生的努力，日日勝進，方有所成；如從究竟佛道而言，則非經三大阿僧祇劫精進修學不能圓成。因此，一個學佛者應發長遠心，一直進修，在修行的路途上，不生退怯。但是學佛者往往有這樣那樣的障緣，阻擋自己進步，使菩提勝果因此而難以即心親證。那麼，應該怎樣學修，方能轉化障緣，開啓正道，使自己一直精進，早證道果呢？

一、無止境地培養信心

一個學佛者的修行是否成就，首先是由信心來決定的。因爲信心是推動修行的主要動力，沒有確立信心的修行活動，等於下了一顆帶病的種子，絕不可能長出好的苗子。在培養信心方面來說，橫向的有信因、信果、信事、信理、信自、信他等的六信；在其豎的一邊說，則有正信、真信、深信、證信、圓信等的層次。一個人的根性、福德、智慧、因緣會影響信心所入的程度。如果一個學佛者在其修學過程中，能夠親近三寶、供事師長、結交善友、明解佛法等，均可以培養信心，增進道業。但是真正的信心是來自自己修行的體驗，從淺的一面講是佛、菩薩的感應體驗，從深的一面來說，是自心證入了三昧，獲得輕安寂靜或大悲寂靜的實際體悟，**於是對佛法產生了來自內心的信心，也就有了推動進一步修學的力量。**

對於學佛已有一定的體驗者，最好的培養信心之法是經常閱讀古德真修實證的行履事迹，如《高僧傳》、《比丘尼傳》、《居士傳》、《善女人傳》、《淨土聖賢錄》、《禪林寶訓》、《禪關策進》、《五燈會元》等。如果在傳記中，覺得某大德與自己特別有緣，其行爲對心靈影響特別大，那麼，這位大德的言行必能鼓舞信心，更應經常閱讀、體會，並以此爲榜樣。

在培養信心時，應注意防止下列七點退失信心的舉動：

一、不要見三寶的過錯，更不可言論。

二、不要見同修的過失，也不可背後言論。

三、遇有是非及不正見的地方，如無力量化轉，則不可加入其中，以免受惡見惡行的熏染。

四、在修學中遇到內外曲折時，應誠心懺悔，懇求佛力加持，祈請善知識開導，不可埋怨法門及善知識，更不可因此而灰心不修。

五、在沒有圓解之前，不應受學與自己修行無關的佛典及世間書籍，應以自己的行持法門爲中心，不斷深入與開拓。

六、在未證得三昧之前，不應在法門之間跳躍，應選擇與自己根機相應的法行而一門深入進修，不可見師就拜，見法就修。

七、在自利與利他的事業上，凡有所成就，不可歸功於自己，應把一切的功德歸功於諸佛、菩薩的加持與師父的指導及衆生的緣助之力。

信心的培養是無止境的，因此，整個的學佛過程也就是不斷地培養信心與開拓信心的過程，所以信、解、行、證的修學大綱，就是圍繞信心而展開的，如解者解此信，行者也是行此信，到最後證果時，也無非證到自己原初所信的真實之道而已！

二、超越自我的學習之法

學習佛法不同於學習世間的學問。世間的學問重於知識性的積累，而學習佛法則重在智慧性的開顯。所以學習佛法就是不斷改造自我、超越自我的一大過程，是把人從庸俗無知與顛倒虛妄的世界，引入真如實相佛光妙德的世界，因而大開妙慧，徹證覺道。

學習佛法要分許多方面，如聽聞正法、閱讀經論、參禮善知識、生活啓示，以及如理作觀等。那麼，在這許多學習方法中，如何纔能超越自我，獲得勝進呢？

㈠、超越自我的聽聞之法

聽聞正法一定要依有正見正行的禪師、上師、法師、居士，而不能依光從理論學問角度講述佛法的人而聞。因爲從心中流出的已經體驗過的佛法，纔能使人親切印合，引友善根，獲得進步，聞法的時候纔有真實感，也衹有這樣纔能使聞法者悟入佛的知見，從而超越了原來的自我。在聽聞正法時，還要注意以下三點：

㈠、不要聽與我們所修法門不相干的經論。因爲從宗派的立場來說，許多觀點往往是截然相反的。聽了相反的觀點，對修證不高的人來說，就易生起懷疑，退失信心，反而因聞法而墮落。

㈡、聽聞正法時，應至誠懇切，如對明醫，似聞佛語，心神歸一，專注而聞。把全身心完全投入正法的語音三昧之中，此時沒有一切俗情凡見，沒有自我的概念與知識。這樣的聽聞就如入於禪定一樣，法音中的有力諦理，就能在刹那間開發善根種子，於是智慧朗發，悟入妙義。

㈢、聽聞正法時，不可對講法者帶有情見，或生比量分別，無論是語氣流暢的演講或者是不善表達的講述，都應恭敬而聽。在聽聞時，不應抓住某句表達不太好的內容；盡量把精彩之處，或符合於自己修持的內容學習過來，移爲己用。聽聞佛法，不可貪多，每次應有欣求心爲佳。聽畢應歡喜而去。如果不是這樣，則聽聞必然無益了！

㈡、超越自我的閱讀之法

一切佛教經論都是契理契機的無上大法，但由於我們智慧有限，因緣不同，所以真正能適合我們學修的經論還是有一定的範圍的。因此，要有選擇地進行閱讀，而不可濫學經論，盲目追求多知，這樣反而因精神耗損太多，心緒紛擾而失去了寧靜的學修心境，於是信心便失去了正確的方向，使進修之道淪失。

在閱讀時應注意以下五點：

㈠、要從淺至深地次第閱讀，自我感覺輕鬆有回味爲佳，不能把閱讀當成負擔。

(二)、閱讀經論應選擇重點與傍帶性的，應處理好兩者的份量關係，不可不注重重點的茫無邊際的閱讀。

(三)、閱讀時應緩緩閱讀，如遇到會心處，則應停下來作進一步的思索，以使此一靈智的啓發更加深透。

(四)、進入正修之後，閱讀時應對照自己的修持，這裏有四層的不同：1、是要體驗在閱讀時即是修持時的用心方法，以直觀不動攪教照心故；2、在閱讀時對照以往的修持，檢驗其正確與否；3、在閱讀時明瞭未來的進修之道，使趨向無滯；4、正在閱讀時，由於經論的智慧力量，可隨當下心境敞開，脫出原來自我的黏滯。

(五)、修持到了忘知忘我之境，除暫時對照一些關鍵之處外，一律應放下經論，攝養心地，等待不動。

(三)、超越自我的參禮善知識之法

行腳參學，尋求善知識的指點，乃是學佛的一大課題。古人說：「欲知山上路，須問過來人。」善知識就是對佛法有真實體驗的過來人，所指示的路必正確恰

當。因此，我們能遇到真正的善知識確是多生修學的善根所致，應當珍惜此一因緣。

善知識的參禮不在於多，以有緣的真正道眼，並能令人親切入門的即可依止。對於善知識應虛心領教，依法而行；應隨力供養，盡量資給行法的須用；應體察善知識的真實道用，而不可見其過錯。

(四)、超越自我的生活啓示

《法華經》中說：「一切世間資生事業，皆是佛法。」智者大師曾說：「六塵皆是佛經。」六祖大師也說：「佛法在世間，不離世間覺。」由此可見，我們應該深入生活、體驗生活，在人事等一切環境中不斷地領悟佛法的真理，打開六塵之鎖，顯示心靈的無價妙慧。

一般人在生活中總是迷執不悟，隨境而遷。因爲把一切存在執爲實有的緣故，所以生活是生活，佛法是佛法。如能了悟一切生活都是佛法，則在一切環境中就不受其惑，應用自在，從而超越了情感與妄見，使心地時時清淨無染，自在無礙。

所以我們在生活中，第一不要貪取；第二不可厭惡，第三不應迷於事理，受其動搖。在遇到生活的影響時，應觀察其因果，體悟其虛妄，返照身心，不隨之而動，這樣每一個生活中的事件，都一一顯現出佛法的真理，使人處處逢源，契入覺道。同時也就不斷地超越自我，獲得修學上的進步了。

(五)、超越自我的如理作觀

心智的昇華與心靈的觀察是分不開的。邪觀得邪果，正觀則得正果，所以我們在學修過程中，一定要依佛法的真理爲依據而做各種各樣的觀察，如聽經、閱讀、人事、修持等，一一都不離正見、正觀的指導。由於正觀的深入，就可以打破妄執，啓開妙慧，使修學真正體入真道。

如理作觀可以從文字到義理；又從義理到實際，再從實際到無得，層層深入，最終獲得超越自我。

另外，如理作觀有性相二途，在性一邊不離真如的體悟，在相一邊則是因果的事用，兩者是一體的兩面，應在觀察中融會貫通，使性相在一心中不即不離，空有不二，雙照雙亡。

三、無住的修持之道

任何一個宗派的修持都離不開般若。沒有般若來指導修持，實際上就等於外道之法，是不可能獲得真正的道果的。

要使自己的修持進步，除了最初要選擇契合自己的法門以外，更重要的是在進行修持時要無住——般若的具體表現。

無住就像讀書一樣，要在學習過程中，不斷地超過原來的水準，進入新的知識天地，如讀小學的要進入中學、讀中學的要進入大學，乃至進入研究院，如果停留在小學或中學、大學裏，那麼就是滿足於現狀，住著現有，不求深造了。

所以修持用功，除在專心行法外，還應不住於幻相——各種的身心反映的虛幻之相；不住於妄見——過去、現在、未來的遷流之顛倒妄心；不住於妄法——對於修持的概念，無住的理論，乃至菩提涅槃的欣求，也一一都是妄法。當修持無住於以上三層妄執，就能打破我法二執，深入無生了。

要使修持進步，除了無住的般若智照外，還要注意以下七點：

一、要有定課定時修持的習慣，堅持不懈，苦心孤詣。

二、一年中要定期專修一至二次，以求克期取證。

三、要檢束自己，不管他人的修行境界，既不妄說自己的境界，也不嫉妒或輕視他人的修持境界。

四、要離開不利於修持的環境，做適當的調整。

五、修持時要放下一切情見執著，一心無繫，提起正念，勇猛直上，方能相應。

六、應一門深入，盡心而行；如原所修法確實不能相應時，應請教善知識，以求得一個適應之法。

七、對於修持中的境界，無論是好是壞，都不可執以爲實，應一一透過，直到空淨無相，三昧正受現前時，方是真實的開顯。

使學佛進步的方法很多，因不同的修行者障礙各有差異，故對治之法也就因之而方便千差了。以上所述的信心、學習、修持的三個方面，僅就一些學佛者經常碰到的、又是比較容易忽視的來闡述一下，希望能給正修中的佛友以進一步的啓發。

如何學習禪文字

歷代以來，禪的體驗者，以各種形式的禪文字，來揭示禪的內在悟境，與通向禪悟的方法，因此在禪文庫裏積累了無數優雅、清新、活潑的禪文字的智慧光輝，給我們後來追隨禪道的人，往往藉此而對禪產生濃厚的興趣，對啓迪禪的悟入，有了很微妙的契機。

那麼，我們應該如何學習禪文字呢？禪的本旨本來是不立文字、教外別傳的，但我們大多數人因沒有機緣親近已經開悟的明眼善知識，所以開頭的第一步祇能從學習禪文字入手，去開拓自家久已荒蕪的一片心田。

學習禪文字的原初的動機，就應立志於藉禪文字來解開生命自我的疑惑，認識生命自我的本質，安立生命自我的實相，正受生命自我的自在妙用。由此之故，在學習時也應如入禪定，一心專注，用禪文字中的智慧之光來返照生命的自我，如同用鏡子返照自己的面目一樣，藉禪文字中的生命力的閃光，驅散心中的煩惱黑暗，閃現出生命自我的面目——原來如此的真如實相。

由此可見，對禪文字的理解，旨在體認真正的內自我。臨濟禪師曾指示說：

> 學人不了，爲執名句，被他凡聖名礙。所以障其道眼，不得分明。祇如十二分教，皆是表顯之説。學者不會，便向表顯名句上生解，皆是依倚，落在因果，未免三界生死。你若欲得生死去住脫著自由，即今識取聽法的人。無形無相，無根無本，無住處，活潑潑地，應是萬種施設。

所以閱讀禪文字不可落在概念、知識上，重點在於看禪文字的人——如何識取真正的自我。

學禪與學教不一樣，學教是理智的分析、辨別、歸納、演繹等，而學禪卻是離開心意識分別慣性的心靈直照、神會，即是在學習時發現自我，與概念的明辨、知識的積累完全不同。所以在學習禪文字時，都應以直覺心去觀照，不求多知多解，記言記語。因此斷際禪師說：「如今學道人，不悟此心體，便於心上生心，向外求佛，著相修行，皆是惡法，非菩提道。」究其原因：「例皆廣求知見。所以求知見者如毛，悟道者如角！」

這確是我們當代學禪者的通病，造成了愛好禪的人很多，而真正悟道的卻不多見的現狀。

學禪之病可以歸納爲以下四點：

一、一般人總是拿自己以往的知識、經驗、愛好，去與禪文字作一種比較性的附會，這樣得出的結論往往與禪的本意相違背，是以個人的錯覺扭曲了禪的真正含義，從而失去禪文字中最活脫的生命力，也無法返照自我，體驗禪體。

二、沒有耐心探索禪的源底，祇喜歡閱讀淺顯的一般性的禪文字，對於古德的精粹妙作卻無耐心閱讀。並且要求速成，不去作日積月累的熏陶與反省，看了幾本書或幾篇禪文字就以爲「懂」了禪，因此往往祇得禪的表層的一點皮毛。

三、追求與禪相違背的境界，如神通、奇妙、口頭禪、文字禪、狂放禪等，更有甚者，以禪作爲裝點門面的手段，來抬高身價。這些出發點，完全違背了禪的平常、澹泊、無爲的作風，絕對不可能領會禪的本意。

四、不善於凝心觀照而學，祇以散亂心、顛倒心作粗略的閱讀，因此，閱讀時就沒有反思、返照的自覺，禪文字中的生命力的閃光也就不可能出現。

基於以上四個原因，學習禪文字者一定要擺正位置，放下自己的一切執著；在閱讀時，不向外「看」，潛心反觀，凝思生命自我的源頭，使本來的天真自然的本地風光，在一心閱讀時，顯露無餘，親切神會。這樣地閱讀，一次就有一次的進步，心靈就在不知不覺中得到昇華，心扉也就逐漸開啓，自性光明便會時時放出光華。

掌握了正確的閱讀方法，經過一段時間，隨著體驗的深入，就會出現以下四種情況：

一、認識了禪的真正含義，覺得禪確爲生命的本質，人生依之而行，定能**開悟成道**，圓滿人格。因此信心堅固，確立了以禪作爲人生活動核心的動力。

二、領會了禪就是生命的自我體，所以將一切法都匯歸於禪。在認識上，對立矛盾的世界已消失，了知自我的一舉一動，都是禪生命的表現，生活充滿了安詳與妙樂。

三、忽然起了一個**大疑情**，在大信心中時時現前，要推究一個問題、一句話的源頭，把整個的生命力都投注到這個疑情中去。

四、在閱讀時，人生的經驗、行爲、概念等等忽然消失，頓悟此心原來即是禪，已得親切受用，通達一切禪文字的用意，明瞭禪法的真正功能。

以上四種心理變化的遞進，顯示了禪自我的肯定與開發。也可以說，在這樣的心靈昇華中，就是禪宗修持的方式，通過如上的直覺之「看」，已奠定了開悟成道的基礎。如果就此轉入禪宗的方便之修，那麼，第一種的可以進修「持心」法，如藉念佛、持咒、數息、繫緣等來攝心入道；第二種的可以轉入觀心法，如劉株源居士所倡導的觀心法門，可以方便悟入；第三種即是起疑情的看話禪，驀直疑去，終有開悟的時節；第四種已經初悟，祇須以無住心方便保任，時時處處不迷即可深入。

有些人雖已閱讀了不少的禪文字，心中仍是茫然，不得禪的要領，不知禪的「原始終要」是甚麼。對此，應先明瞭禪的三層宗旨。以下選錄華嚴宗所概括的禪之三宗的歸納性文字，以供參考：

一、息妄修心宗

眾生雖皆有佛性，然而無始無明覆之不見，故輪迴生死。諸佛已斷妄想，故見性了了，出離生死，任運自在。當知凡聖功用不同，外境內心各有分限。故須依佛言教，背境觀心，息滅妄念。念盡即覺悟，無所不知。如鏡塵須拭，塵盡明現。這如神秀的北漸之禪法，須修心返淨，方始成道。對此，又須明入禪的方便：遠離憒鬧，住閑靜處，調身調息，跏趺宴坐，舌柱上齶，心注一境。

據上封禪師所示，此爲下根人坐禪悟道的方便。

二、泯絕無寄宗

凡聖等法，皆如夢幻，都無所有，本來空寂，非今始無。即此達無之智，亦不可得。平等法界，無佛無衆生。法界亦是假名。心既不有，誰言法界？無修不修，無佛不佛。設有一法勝過涅槃，我說亦如夢幻。無法可拘，無佛可作。凡有所作，皆是迷妄。

如此了達，本來無事；心無所寄，方免顛倒，始名解脫。令心行相應，不令滯情於一法，日久功至，塵習自亡，則於怨、親、苦、樂一切無礙。

此法即是觀心，一切法皆如幻化，一切皆空，故無住於一切法，隨時以幻化如空之智，掃蕩無始之妄習，業盡情空，自然徹悟。

三、直顯心性宗

說一切法，若有若空，皆唯真性，真性無相無為，體非一切。謂非凡非聖，非因非果，非善非惡等。

然即體之用，而能造作種種。謂能凡能聖，現色現象等。於中指示心性，復有二類：

一云：即令能語言動作，貪瞋慈忍，造善惡受苦樂等，即汝佛性，即此本來是佛，除此無別佛也。

了此天真自然，故不可起心修道。道即是心，不可將心還修於心；惡亦是心，不可將心還斷於心，不斷不修，任運自在，方名解脫。

性如虛空，不增不減，何假添補？但隨時隨處息業，養神聖胎，增長顯發，自然神妙。

此即是為真悟真修真證也。

二云：諸法如夢，諸聖同說。故妄念本寂，塵境本空；空寂之心，靈知不昧。

即此用功過度之知，是汝真性。

任迷任悟，心相自如，不借緣生，不因境起，知之一字，衆妙之門。

由無始迷之，故妄執身心爲我，起貪瞋等念。若得善友開示，頓悟空寂之知，知且無念無形，誰爲我相人相。覺諸相空，心自無念，念起即覺，覺之即無。修行妙門，惟此也。故雖備修萬行，唯以無念爲宗。

但得無念知見，則愛惡自然澹泊，悲智自然增明，罪業自然斷除；功行自然增進。即了諸相非相，自然無修而修。煩惱盡時，生死即絕。生滅滅已，寂照現前，應用無窮，名之爲佛。

如此二宗，皆會相歸性，故同一宗。

無論會得禪的那一層次的認知，均可做爲禪行的意境自我引導，如依此而開展的一系列覺照、參究、持念等無住禪修，一一均有可能真正了悟自性，親證三昧。

綜上所述，禪者在無師自學時期，通過自我反思、返照的禪文字的善巧學習，亦可使一個禪的門外漢進入禪世界的智慧之堂奧，獲窺禪天地裏的真正內自我，從而使真正明心見性，成就大覺，有了一個嶄新的起點。這個新起點是最難獲得的對禪的真正見解。並在這一基礎上，由於禪生命的智慧活力，可使身、口、意的三業均融歸於此而共趨於菩提大道，圓成生命的微妙奇觀！

淺談眞正見解

學修禪宗，最初的一步就是求取真正見解。如果沒有真正見解做爲學禪者的正確引導，縱使勤苦修習，終是徒然。因爲禪宗是最看重「見地」的。有真見地、方與佛祖把手同行。故臨濟祖師說：「若得真正見解，生死不染，去住自由。不求殊勝，殊勝自至。」這說明了真正見解於學人份上是極其重要的一個環節。反之，如以妄見去打坐參禪，衹會隨情流浪，則：「衹爲情生智隔，想變體殊，所以輪迴三界，受種種苦。」（見《臨濟禪師語錄》）

既然真正見解對禪宗行人是如此的重要，那麼，甚麼是真正見解？如何去求取？怎麼去體悟？下文就此作一闡述，以作引導初心學禪者體取真正見解的方便。

一、甚麼是眞正見解

所謂真正見解即是學人對於禪旨的契同，也即識取妙心自性，肯定承當下來。凡不信自心是佛，向外馳求，尋名逐句，或以玄妙奇特爲道，在妄境上弄精魂的，都與禪旨相違背。故學禪之人，唯須識取現前一念，不起虛妄分別，直心直行，在一切時中，更不間斷，如此便與禪旨相符，也即得真正見解。

每個人都本具真如清靜妙心，與佛本無差別，但如何方能體現此妙心呢?臨濟師祖說：

你要與祖佛不別，但莫外求。你一念心上清淨光，是你屋裏法身佛。你一念心上無分別光，是你屋裏報身佛。你一念心上無差別光，是你屋裏化身佛。此三種身，是你即今目前聽法的人。祇爲不向外馳求，有此功用。

三身是我們妙心所本具，祇要肯定本來，不向外求，即能在清淨、無分別、無差別中，顯現出來。

以下再錄歷代祖師有關真正見解的開示，做爲啓發心地的借鑑：

達摩祖師云：

理入道者，謂藉教悟宗，深信含生同一真性，但爲客塵妄想所覆，不能顯了。若也捨妄歸真，凝住壁觀，無自無他，凡聖等一，堅住不移，更不隨文教，此即與理冥符，無有分別，寂然無爲。名之理入。（《入道四行觀》）

三界混起，同歸一心。前佛後佛，以心傳心，不立文字。……從無始曠大劫以來，乃至施爲運動，一切時中，一切處所，皆是汝本心，皆是汝本佛。即心是佛，亦復如是。除此心外，終無別佛可得。離此心外，覓菩提涅槃無有是處。（《達摩血脈論》）

六祖大師云：

善知識！心量廣大，遍周法界，用即了了分明，應用便知一切，一切即一，一即一切，去來自由，心體無滯，即是般若。善知識！一切般若智，皆從自性而生，不從外入，莫錯用意，名爲真性自用，一真一切真。

前念迷即凡夫，後念悟即佛。前念著境即煩惱，後念離境即菩提。

善知識！我此法門，從一般若生八萬四千智慧。何以故？爲世人有八萬四千塵勞；若無塵勞，智慧常現，不離自性。悟此法者，即是無念、無憶、無著，不起誑妄，用自真如性，以智慧觀照，於一切法，不取不捨，即是見性成佛道。（《六祖壇經．般若品第二》）

臨濟祖師云：

道流！切要求取真正見解，向天橫行，免被這一般精魅惑亂。無事是貴人，但莫造作，祇是平常。

問：「如何是真正見解？」

師云：「你但一切入凡入聖，入染入淨……不見有來去相貌，求其生死，了不可得。便入無生法界，處處遊履國土，入華藏世界，盡見諸法相空，皆無實法。唯有聽法無依道人，是諸佛之母。所以佛從無依生。若悟無依，佛亦無得。若如是見得者，是真正見解。」（《臨濟語錄》）

楚石梵琦禪師云：

心本是佛，造作還非，道不用修，染污不得。祇此不染污，是諸佛之所護念，與公道早是染污了也。（《住海監州天寧永祚禪寺語錄》）

從上所錄可知，所謂真正見解，別無玄妙奇特，祇是識取自性妙心而已！故《禪宗宗範》以妙心為禪宗之源，並以體悟此妙心者為真正見解，故云：

安心者安此，究心者究此，悟心者悟此，調心者調此，入聖者入此，利人者利此，乃至諸祖顯喻、機用、綱宗、示辯，並圓頓諸經論，皆不離心別有所指也。

初心行人如能了此妙心，不向外求，在日用之中與此相應，即為禪宗的真正見解。以此真正見解貫穿於生活，即爲禪的生活。

二、如何求取眞正見解

真正見解之意義雖述於前，但於初心學人份上不一定就能親切領悟，一般人都需要一段參學過程，方能契會不失。但如何求取，方能契會呢？

求取真正見解，最重要的是參學真正明眼的善知識。《華嚴經》中說：「佛法無人說，雖慧不能解。」即指如果沒有真正體驗過的明眼人來解說經中妙義，即使有些智慧，也不可能真正全面地領悟佛法。故參學善知識，得到直接親切的教導，就容易獲得對禪旨的領悟與自肯自信。

其次是以正確的方法閱讀禪文字——歷代祖師的開示及近代以來真正能體現禪精神的著作。在閱讀時，不尋枝摘葉，不落文字偏執，祇是以禪理反照自心，親切體悟，久久之後，也能豁然開朗，親切了知。

如果一時不能領悟，也可以先依一法起修，專心勤行，克服習染，慢慢地從事修而契理。並且一邊修持，一邊對照祖師言句，不斷地加深理解，時時反照於功行與生活。如此用功，因緣時節一到，也定能豁開本來面目。

對禪的真正見解，理悟與事修是不二的。故真正領悟的人，不會把事與理打成二段，即理而事，即事而理。因此，在參學閱讀與行持的三方面，都應體現理事不二的精神。祇有如此，方能契會真正見解。

三、怎樣體悟自性妙心

初心行人雖已領會了禪旨，識取自心，但無始習染一時難除，故難免被境界互換而重入老路中去。因此，要以真正見解調解無始積習。在調習中，逐漸開顯自性妙心的功德，從邊緣到核心，層層深入；此中意境，如從煩惱一邊講，如行人不與五塵相接觸時，心中清明了然，沒有一絲一毫的欲念妄想，就是斷了見惑。如正對五塵境界時，心中也沒有絲毫的欲念生滅可得，則是思惑斷盡的象徵。見思惑斷即是了生死，證聖位之境界。但所謂證聖位，也祇是開顯自性本來的清淨功德而已，別無新修新證之道可得。

由此可知，契會之後，仍須以無生理而起事行，所謂未開悟前，最貴見地正，既悟之後，則全重行履。

悟後做無心工夫，古德有覺察、休歇、泯心存境、泯境存心、泯心泯境、存境存心、內外全體，內外全用，即體即用，透出體用等十種。但筆者認為，現代人根器一般者既難悟入，並依悟而行，不如以無心去念一句佛號，導入淨土之行，久久純熟，而不生法執，則自能調除妄習，深入道妙。如明代佛日契嵩禪師，悟後日誦聖號十萬，即是以佛號淨心的方法。

但現代人所知障偏重，不老老實實地於悟後平實用無心工夫，反而尋求不正確的理與法。以下錄出現代人的通病，以資借鑑：

一、由於知的瞭解，去檢討公案的內容。

二、考慮身體的健康與長壽，去修習氣脈等功法。

三、生厭世的意向，衹慕寂靜無人處。

四、以情識妄想心，於意識上勉强使現出澄澄清清的境地，以爲是無念境界，並盡力把它從短時間延爲長時間。也有人以爲一小時的澄清無念是悟，一小時以上爲證。這是把妄想暫伏錯當悟境。

五、以爲悟後必有神通玄妙，一心尋求功能的開發。

六、執著於法與心的覺受，不斷地在法上作無休止的探究。如把道教、密宗等功行境與禪宗悟境作比較，形成雜亂的見解。

七、過於注重於生活中的感受，不能超越自我，放下一切。

八、把放逸無軌的生活，信爲天真爛漫，不謹嚴持身，不以道德作人生的規範。

九、不親近真正善知識，不參究祖師的真實開示。反而親近裝模作樣，見神見鬼的邪師，或閱讀不直指本性的，專門談論境界、令行人著相的瞎文章。

十、善與人比較，談說自己的境界，或分別他人的意境，評判他人的禪文章等，由此深入，便成所知愚，而迷了本地風光。

禪的正悟與正行很簡單，沒有那麼多的囉嗦葛藤，但禪心邪悟偏行，卻萬萬千千，以上所提示的十種，僅述其大概。總之，行人要記取「平常心是道」這句至理名言，祇有平常、直心，纔符合於禪的正行。

說來說去，對於禪沒有說著一個字，禪在甚麼處？如何是真正見解？讀者還知嗎？

如何參學善知識

參學善知識是一門學問。教下與密宗都注重在善知識應具條件一邊而論其得益大小，而惟獨宗下專就能參之人自己覺照程度論其得悟與否。本文即就宗下初學如何參學善知識的自心觀照方面來論述進趣之道，俾使禪道不衰，宗風弘暢。

一、爲甚麼要參學善知識

參學善知識是宗門一大功課。因爲禪宗貴在活的教學，心與心的互證，所以，學人如得明眼善知識的點化，就能迅速契合禪旨，悟明本來。也正因爲如此，歷代以來，宗門下行人最重視的就是百城煙水、遍參明師了；這一生的學禪經歷，幾乎就是在參學中度過，而對禪的體悟，也就在參學中不斷昇華、飛躍。由此可知，一個學禪之人，假如不從事於參學，不遇明眼宗師，雖一生熟讀經書，通達禪典，也無補於禪的明悟與契證。所以禪門行人在掌握了禪文字的學習方法後，再以禪理覺照應世，而起參學之行，並以真正見解回轉參學的下劣邪心，開啓智慧正行。如是用心、如是參學，久久必能深有悟證。

但許多參學之人往往在善知識一邊起抉擇分別之心，而不體究自己的參學心態如何，因此在參學途上，總難以走上禪悟正路，究其原因就是不重視自心內在的正邪心態的反省。自心的正邪可以概括爲十種類。在邪參方面包含：無知參、愛樂參、知解參、傍習參、著相參、死心參、慢心參、狂放參、自了參、過悲參。但真正參學，雖其理不二，也可據其覺照的程度分爲十種正參法行：正信參、正見參、正直參、正行參、疑情參、道法參、障難參、無心參、印證參、利他參等。

瞭解參學心態正邪差異，就是爲了更好地鑑別自己的參學之心，並捨邪歸正，使自心相應於禪旨而契悟佛法。很顯然，參學善知識的目的就是為了開悟合道。而參學善知識實際上就是反參自己，因爲祇有內外合一，心法相應之際，方能真正契合真理。所以學人應認識到：真正善知識不在外邊，而是自心的正知反省，一個不識自心的人，也絕對無法識別對象，所以在參學中不斷地了悟自心，在自心了悟中善於返證善知識。如此纔符合禪道之參，纔是真正意義上的正參。

二、不符合禪宗正行的參學

學禪之人很多，而真正契悟者卻很少，除了其他一些原因外，那就是基於參學的心態與禪旨不相符合，所以心行理外，迂迴禪道邊緣，不能入門。邪心妄習對初心參學之行人而言，或多或少總是難免；然而學禪貴在鑑知自心，棄邪歸正，然後就自己的真正見解而行正確參學。

根據現代人參學的通病，概括爲十種類。當然，行者的心態是不斷變化的，故此十大種類的邪參，僅爲參考起見而方便列出。

㈠、無知參

不知禪是何法，心是何物，既無教理基礎，又非真正發菩提心，爲了充時髦、裝門面、資談柄，學一點禪下機鋒句語，講幾句似懂非懂的禪門公案，以爲禪宗不過如是而已。因以無知之心，遇宗門下人，便以禪語接搭，開口即不著邊際，與心地全然無關，縱遇善知識點化，也祇如戲論，毫無回轉的餘地。所以從無知之心而行參學，如同門外漢講家裏事，徒磋光陰而已。

因此，學禪參學之士，先須明教，知佛陀一生教化的大義，次須真正發菩提心，最後應究明禪宗旨趣，觀照心地。如是三步通過後，方從無知轉爲初知，參學的資格也即具備。纔不致於磋跎歲月，虛擲光陰。

二、愛樂參

雖然解了禪宗大義，但由於個人的愛樂之心特別嚴重，故其意境未達平淡無爲的清淨禪味。於是在參學時，以個人的愛樂習染而處處受縛，所謂被棘荊掛住，不能自由轉身，也就是死在愛樂之下而不能明悟本來。愛樂的範圍很廣，凡六根所對的六塵，均成爲愛樂的對象，可以分爲三等：1、愛樂身命、財產、名譽、欲色、睡眠、煙、酒等；2、愛樂禪的知識，禪的情趣，禪之知解乃至其他文學等知識；3、愛樂功法、境界、禪定、神通、修養、清高、辯才等。

以上三等的愛樂，第一種重者應依教修行，或修密乘，或修淨土，可得漸次轉化自我。第二種重者應離棄一切知解，放下一切分別之心，一意於觀心，也可深入禪法。第三種往往有一定的體驗，但因習染之故，未能真正明悟，故應破其愛樂之心，轉其執染之處，也能深入禪道，悟明本來。

㈢、知解參

此類屬理性思維異常發達之流，具有哲理學家的思考頭腦，所以知解、比類、研討的心理功能極活躍，「見心」很猛利。但因不知禪是心的原態，不是思維的對象，更不是知識解答的產物，它是無名無相，非空非有的本體。

由於不了禪的旨趣，以爲禪與教是一個東西，是可以用知識去瞭解而加以肯定的，於是對禪的著作與教下經論進行比較研究，對禪公案言句進行穿鑿領會，對於歷代祖師的悟境進行哲學、心理學上的剖析與探索，以這種種的方法所獲得的知解，歸結爲對禪的悟知，並以此而通釋一切禪文字的內在真義。

以如此的知解去從事參學便會出現以下三種情形：

⑴、與禪師交談時，雖然講的內容、句語，確係宗門中事，其義似乎也正確，

但是，以知解心而講心，卻是意識分別的產物，與禪宗毫無關係。因爲，禪宗裏的一切公案與句語，都是真心之所流現，與文字句語毫不相關，而知解人學的是文字而非體悟真心，所以字義同而實質不同。

⑵、在參學中，凡符合於我的知解心去領納禪師開示時，也盡以原來庫存的禪知識去抉擇分別。如此便死在句下，不得轉身活用。因爲禪師的一切言句，都是爲了指點行人當下悟去，沒有一句是要你學會之後記在心中然後去對照的。所以如以知解心去參學時，難免被言句轉了去，而不可能迴光返照，豁開本來。

⑶、由於想蘊成蓋，妄想不斷，對於實際的受用全然不知，久久心力衰竭，煩惱叢生，便以爲禪悟對於行人毫無作用，不能真正了斷生死，而不知自己並不懂禪宗，沒有真正開悟，所以落到這般田地。更由於自己不了，一是見他禪師也不過如此，未得大道，二是徒生種種妄見，謗佛謗祖，或轉向世俗，祈求現世利益；或轉向他法，以求勝應等等。妄見從而孳生。

這三種都是因爲以知解禪理而爲悟，不了「知解宗徒」正是宗門之大忌。如不體悟真心，雖知解聰慧，終不能敵生死業。所以宗門參學之士，應離一切知解而起真正的離知正參。

㈣、旁習參

倚重於旁門外道或教下功法，但在行持的種種見境與體驗中，均會歸於禪理。以如是見與行而起參學，則成爲三種情形：一是所談的是禪理，而所行的與禪全然無關；二是禪理與法行有一定的關係，但其境界相差甚遠；三是將一切功行完全導入禪旨，不另外立法，但法見難泯，餘習仍在。第一種屬於邪道旁門之類，如三祖教、一貫道、同善社等，其中也不乏談禪者，但與禪宗絲毫無關，完全是兩回事。第二種是以道家理論爲主旨而建立的道家性命功法與某些氣功及印度的瑜伽功法，修鍊此等功法者，有一定的體驗，對於禪有一定的認識，但僅爲比附的關係，其實際境界相差甚遠，也是完全不同的層面。第三種是修持佛教正法者，如從天臺、華嚴、唯識、三論等教修到一定程度後會入禪宗；或從無相密乘的大手印、大圓滿等開悟見性而會通禪宗；又如修理性淨土者，得理一心不亂後悟通禪宗。如此種種人之所悟，如能會歸不二，不著餘習，則與禪旨不違，如果仍有二法在，則法執未亡，不得真正明悟。

帶有旁習者起參學時，一開口就會把這種習氣暴露出來，形成事理相背，體用乖異的見解。儘管程度有不同，但旁習參者如果不是真正契合禪旨拋棄餘習的，就不可能成爲純正的宗門開士，不僅誤了自己，且能貽害他人，使一乘圓頓妙法，被他雜七雜八的旁習知見，搞得一團糟，祖師西來的正旨，也就因此被湮沒了。

㈤、著相參

由於著相習氣深厚，雖然初步明瞭禪旨，但在具體參學上，總是對境生心，執著不捨。如見禪師便在色身假相上分別執著，在指示禪法上，又著於法的境相。於是昧於人法二相而落顛倒，在無相、無住、無念的宗門中，生住著滯礙的妄執，因此處處受縛，不得自由轉身。

初參著相一般分爲如下三種：

⑴、執著「內有妙道，外有顏貌」，以爲真正有道之人必是身體健壯，內氣充沛，面色光澤，動作敏捷。所以凡遇此等之人便恭敬禮拜，尊爲明師，反之，如見平平常常，其貌不揚之禪師，輒認爲「其內必無妙道」，於是以假相爲真道，不知禪是心行的事業，不可以色相來衡量，因此而錯過參學真正善知識的機會。

⑵、執著有真正工夫之人，必有神通功能的發明。凡遇見能預知諸事，神通顯

用者，便以爲是真正有道之人，而如見日常生活無住妙用、別無玄妙神奇顯示者，輒以爲其道不著，功德不高。由於執著神通妄相爲道故，不僅不能遇真正善知識，且有落魔發狂的惡果。因爲禪是每個人心靈中的平常之原態，祇有一絲不掛，一塵不染，方能與之相應，如執著神通，即走向與禪心相背的生死谷中去。

(3)、在心法交參中，以爲自己所體驗的境界是真實不虛，並以此體驗之境來消融祖師言句，更以此作爲考查他人境界的依據。因爲不知禪的所有境界都是路途風光，不能有絲毫的執著，一旦執滯於境界，使落窠臼，不得出頭。宗下著境界相，一般有：住著空境爲悟、住著另有「一物」、錯會妄即是真、住著實有悟境等等。凡住著一切境而起參學者，因不知無相本明的不動天真佛性，乃是原本如此的，故雖在善知識指示下，仍難以會歸本來，即被著相的慣性轉了過去。

由此可知，凡著相參學者，終日被假相所迷，雖然一生勤苦，畢竟不得正悟。因爲，道本無爲，禪即無相，如以境界諸相爲尺度來尋找善知識，則即使善知識在面前親切指點，也絕然不得利益，所以禪人貴在真正見地，不可在幻化之假相上起執。

㈥、死心參

所謂死認一師，死守一法，死執一念。不知普天之下，凡能啓我智慧者，皆我明師；不知八萬四千法門如能使我安心進道者，皆是妙法；不知自心本空，若能不著一切觀念，處處無住者，乃我真心。由於心眼太死，智慧不開，所以於一師、一法、一念之下，勤苦修習，數十年難得見性。要學禪參善知識必須活參纔得，於一切師，不以情感之世俗見而障礙求道之心；於一切法不應久習無功而不願放棄，應轉修適宜之法；於一切觀念，不應執見而固執不捨，應離一切見而入道。

死心參者，心地必狹窄與瞋心大，因此，難免久久成身心之病，此是禪病中較嚴重的一種。如果由死心而死執境界，則必入魔境無疑。故參學善知識應避免「死心」參，要以活潑的智慧啓開心地妙用，如是方與道相應。

㈦慢心參

學道之人，初得幾分相應，悟心小開。往往便以爲自己已得證佛法，悟徹真性。於是心中高舉，目空一切。與人談法，動輒以悟人自居，並居高臨下，口出不遜，非獲個全勝而歸不可。如此驕慢之心，早與禪旨大相逕庭，那裏還有悟在？真正開悟之士，應是謙謹三業，慈悲爲懷，內藏智慧，外顯愚魯。說法談道，必須於他人之根器，方便啓示，並不以師自居，衹以平常心待人，如是方是悟人之風範。因此，如果以慢心而起參學，不但貪心難除，而且是非紛起，不僅害己，而且亂於禪道，使初心被假相所迷，遂生退怯。慢心之人，如果不能覺悟轉化，使心地空淨，自以爲是，久必與魔爲伍。

(八)、狂放參

以顛倒之見心，衹知禪的無相、無念一邊，執定禪不在修而在悟，並以自己初步的解知爲悟，狂放無度，全不顧個人的修養，道德之規範，心地之觀照，放縱自我，行一切顛倒之事，處處悖違戒律，廣造因果。在造業中，且以爲業、因果本來是空的，無作無受。不知業雖本空，而因果絲毫不爽。初悟道之人，正是「隨緣消舊業，更不造新殃」時節，如果以狂放無羈爲無住，則正與禪旨相違背，因爲在一切事中能正確地符合客觀規律去做，心中了無痕迹，方是真正無住。所以故示放縱，以爲自在，則必入於愚癡無知之中，廣造無知之業。

因此，以狂放心去參學善知識時，不僅不可能遇見真正善知識，還會造成謗佛謗法之罪。

㈨、自了參

雖得初悟，但根器偏小，心量不大，惟求自了，不樂利他。以此自了之心而起參學時，衹有空智，而無悲心，不可能真正明悟佛性，因爲真空之性與妙有之悲是同一個佛性整體，如果心存自了，悲願不普，則必滯於悟境，且常有退轉之險，不得真正開發與活潑妙用。

㈩、過悲參

由於受教下菩薩行的影響，以有爲心而發度生的願行。因此，雖得初悟，而其習氣未除，不知保養休歇，卻任由悲心發起，過早地行度生之法，結果因其力未充足故，反而被境界所轉，重又迷失本來。因此，過悲之行者在參學途上，難以照顧本來，雖得親近善知識，往往在利生法上起於執著，使真心落於妄動。如此，自性之妙用就難得發動，對境亦無力轉化。這就是教典中所謂的「愛見大悲，成菩薩墮」的原由。所以，除了根器特好者外，一般人初悟後應當把重點放在綿密保養上，待力量充足後，方可在境界中隨緣變化，指點迷津。

三、正確的宗門參學法行

妙心不二，但學者入道，須具方便。對於初學之士，更須具備方便法行，方能了悟妙心，徹證無生。故列出以下十條正參法行，以供參考。

㈠、正信參

禪宗法門，雖不落世俗信仰之儀規，但如果沒有正信三皈作爲入道的基礎的話，不是落入邪外，就是偏於豁達空與狂放。古德云：「大信纔有大疑，大疑纔得大悟。」所以禪宗的疑情是出於對果地佛與真如佛性的真正信受，由信受故，纔能生起願求開悟成佛的修道學法的精進心。有此願求精進心的推動，方能生起參究之正行。由正行不斷相應，即趨入離知真境而得明悟。由悟後調習、入聖、利他，方圓滿一期修禪學道的一大事因緣。其大事因緣的源頭，豈非正信二字？所以禪宗行人，最初入道，須是正信方得。祇有具備正信的參學，方是正參，否則即爲邪參。

至於正信的內容，達摩祖師在《悟性論》中云：

夫道者，以寂滅爲體，修者，以離相爲宗，故經云：「寂滅是菩提，滅諸相故。」佛者覺也，人有覺心，得菩提道，故名爲佛。經云：「離一切諸相，即名諸佛。」是知有相是無相之相，不可以眼見，唯可以智知。若聞此法者，生一念信心，此人以發大乘超三界。

達摩祖師在《血脈論》中又云：

若要覓佛，直須見性。性即是佛，佛即是自在人，無事無作人，若不見性，終日茫茫，向外馳求，覓佛久來不得。雖無一物可得，若求會亦須參善知識，切須苦求，令心會解，生死事大，不得空過，自狂無益。縱有珍寶如山，眷屬如恒河沙，開眼即見，合眼還見麼？故有爲之法，如夢幻等。若不急尋師，空過一生，然即佛性自有，若不因師，終不明了，不因師悟者，萬中希有。若自己以緣會合，得聖人意，即不用參善知識。此即是生而知之，勝學也。若未悟解，須勤苦參學，因教方得悟。

學人在禪文字中得初步的正信後，即可參學善知識，於真正見性的明師指點下，方能具足正信，肯定本來，承當不退。

㈡、正見參

要以求取真正見解而起參學善知識之行。因爲善知識是見性之人，而學佛法者是爲了明心見性而參善知識，所以惟以求取真正見解而參，是爲正見參。如果別有所求、所著，則爲邪見之參。

如何是真正見解？達摩祖師在《悟性論》中云：

正見之人，知心空無，即超迷悟。無有迷悟，始名正解正見。色不自色，由心故色；心不自心，由色故心。是知心色兩相俱生滅，有者有於無，無者無於有，是名真見。夫真見者，無所不見，亦無所見。見滿十方，未曾有見。何以故？無所見故，見無見故，見非見故。凡夫所見，皆名妄想。若寂滅無見，始名真見。心境相對，見生於中，若內不起心，則外不生境，境心俱淨乃名真見。作此解時，乃名正見。不見一切法，乃名得道。不解一切法，乃名解法。

如以正見起參學之行，方不被裝模作樣的瞎眼人所迷，方能真正透過一切言語諸相而見實相。

(三)、正直參

正直者，即不僅捨棄一切世間的愛好執著，而且能離三乘境界的執著。惟禪道而求，不偏落一切功熏之行；惟直心而觀，不起妄想分別之見。以正直之心而行參學，便不會滯於一切方便門頭與諸境相，在善知識座下亦不會落於是非分別，一切習染自然能化而轉之。因此，由正直趨大道故，其心必無掛礙而速得相應。所以在正信正見之基礎上，應行正直之參，方能契會禪道。

㈣、正行參

未悟之前，惟行與禪相應之行，以法攝心，以法契悟。故除禪之正行之外，不行一切與開悟無關之行。得正行必然活用，即正用法時，心即空淨，不著絲毫，方能契合禪道。以此正行而行參學，則心不隨境遷，法不因理礙，一切心融歸此行，一切法於一法中體現，故雖然在諸師座下，法門有異之時，而此行無異。因此，以不變而應萬變，法法歸宗，久久必能豁開本來，親見自性。

㈤、疑情參

初心行者，如於話頭提撕之中，頓起疑情於心，吞不能吞，吐不能吐，心如銅牆鐵壁，愈究愈切。在此時，若閉門造車，不事參學，恐自力難破識鎖，境風來時，依舊迷逐。故應在疑情親切之際，參學善知識，冀得於座下熏習，一旦因緣時節到來，或聞聲、或見色，更「囫」地一聲，疑團頓破，脫體現成。

㈥、道法參

若疑情之路不熟，久久不起，則知緣不在此。故應多方參學善知識，以求取一符合機宜的道法，以便起相應之行。禪門雖重在參究，但方便行門亦時有所施。如五祖提倡持念《金剛經》，憨山大師推崇持念〈準提咒〉，至於歷代祖師大德提倡隨息與念佛，更是屢見不鮮。目前與禪行能迅速相應的，有心中心一法，以禪爲體，以密爲用，能於無住心中持誦時，便迅得開悟。除此而外，耕雲大師有安祥禪，亦爲契合時宜之一法。

但是，道法在文字上獲得與在善知識指授完全不同，前者是限於個人的體驗與理解力，後者則因善知識隨機授法，方便接引，能直入法妙，故應參學善知識，以求其指授，方便入禪。

㈦、障難參

學道之人，未得大成就前，總有不同程度的障難，故初心有初心的障難處——苦於不脫也。因此，行者無論遇到甚麼障難，自己已無智慧力、道力去解決時，不能任其積於心胸，應立即參學善知識，以求解決。能解得一層障難，即得一次進步。所以學道不求無障難，唯應會解脫之法。正因爲解法之力，方能脫出原來的窠臼，進入新一層次。如是難來即除，久久便能不斷悟入，自然妙道現前。

㈧、無心參

心已不被法累，不被境礙，無心於事，於事無心。但雖已無心，猶有一個無心在。爲打破無心關，故宜行於參學。又因無心之故，於參學中，一切無倚，一切無求，唯任運騰騰，隨方自在，遇一切六塵境界，皆爲參學之地，所見所聞，無非善知識。而當因緣時節到來，打破此無心之心，即徹悟本來了。

㈨、印證參

開悟之士，須經過印證，方合正道。先應印證自心，次可印證他人。印證之法有文字之證，如對照經論禪著；是否與心地脗合一致；有與善知識印證，在直接相見、親切勘驗之中，蒙善知識印可而承當不謬；有在順逆諸境中印證，如在根塵相對中，此心是否生於「妄見」？有否「妄情」？如果在三種印證中，一一透過，一切無礙時，方具印證他人之資格。又因自心已於諸法中得到印證，則指授、印證他人，便有方便，因有方便，方能使人親切承當，不生退失。

㈩、利他參

三界習氣淨盡，聖德已彰。於是悲心不期自發，廣行利生之行。爲利他而起參學，則不僅透過禪宗的顯喻、機辯、綱宗、會教，而且更應參諸善知識，廣學一切度生方便，逐漸開啓應機施教的妙用。

聖位行者在參學時，或隱其德而示無知，從而引發衆人的開悟之機；或顯其德而威攝大衆，以導入禪道；或廣或略、或持或參、或直指或方便，總以妙智而大開利他之門，使一切與禪法有緣之衆生，方便入道。

四、參學貴在自知、自勵

我們不否定真正見性的善知識的重要作用，但善知識是可遇不可求的，因此，不能放下自己的觀照工夫而專爲尋求善知識奔波忙碌。應該把重點放在自心自知與自勵上，祇有時時明照自心，處處了知不昧，自勵精進。這樣，自己的智慧開發了，根基也打好了，在因緣時節到來時自然能遇見善知識。

古人說：「座下一席話，勝讀十年書。」善知識的確有點撥心靈、啓人妙慧的不可思議之作用，但如果平時不能自知，所行的在十類邪參之內，則縱然遇見善知識，也祇如經中所說：「逢如不逢，見似不見。」就像梁武帝見達摩一樣，不能於言下歸宗，契悟心性。所以唯有在平時依正參而行的人，處處與禪旨不違，時時覺知不昧，如此假使暫時未遇善知識，也在不斷地進步中，因緣成熟，不愁不開悟。

自知之初在於禪文字的正確學習，以理照心，啓開正信，然後纔有參學的基礎，否則，盡被瞎眼人所誤、唐損光陰，終不得真實受用。

自知不是知於禪文字，而是知自心。知自心在於時時，而不僅僅在打坐用功時，在自知觀照中，如遇到障難險阻，還應放下一切，精進自勵，不被一切境界所迷惑，唯以生死大事而參禪悟道，不期望其他一切果報。如此自勵，方能得不退轉。

禪的修持方法與體究

禪悟與工夫

在當今社會裏有勇氣走入禪門，攀登靈智的頂峯，窮究生命的極致，這確實是了不起的識見與難得的探索精神。祇有不斷進取，永遠向上的人纔在遠離源頭、流浪生死，經歷人生迷途的苦難之後，猛然反思，徹底看透，終於在內心深處點燃了一盞禪思的智燈，從理解到領悟，認識了回家的路，產生了覺醒與圓成的願望。這樣的發心與趨入，正是禪門的根器，也正是禪悟的起點。祇要有這一點就足夠了：因爲它是最初的因地，也是畢竟成就的動力，其中不需要廣博的佛學知識與許多基礎的法門行持。從這一點進去會愈走愈深，愈入愈妙，真實的生命必會開花、結果。

因此，禪悟是契入佛法，開發本性功德的里程碑。一個不以禪悟為目標的行者不算是禪門中人；一個沒有禪悟智慧的經驗者，不可能理行一致，體用一如。盲人摸象，門外徘徊，既無正眼，更無正路，必然徒自辛苦，難成正果。可見發起明心見性的真正道意是非常難的，值得贊歎的是它已經蘊含了菩提心與方便道的所有真意。因為與佛陀出世的本懷與歷代祖師意旨已經相應一致地開通了覺之道路，所以超世俗、超宗教、超自我、超法見，一切超越的人是不同尋常的，佛陀的光芒，祖師的妙旨，全然地映現在禪行者的心中，帶領他走過寂寞與艱難，迎來禪悟的閃光。

不斷地探索體究是禪的特色，那些勤下苦工夫的人，纔有禪悟的喜悅與智慧的流顯！

佛道的路是漫長的，禪關的透脫是艱難的，許多人不明白禪悟乃是心靈最究竟、最徹底的覺醒，不珍惜得來不易的機緣，反而以草率之心、兒戲之情、放逸之態、狂妄之見來行於禪道。一面要開悟成佛，一面又要世俗的名利地位，滲雜些許的義理知見，得些禪外圍的消息，自詡妙悟，自我表現，始終與禪悟背道而馳。

一個人要拋棄我見、法見是不容易，二見不除，相待不消，雖然發心於此道，立志不移，也難以有個入門之處。因此，在開悟之前必有引入的過程：

第一步應先研明禪理，如以《圓覺經》、《楞嚴經》、《金剛經》為理行境的根本，再印以《壇經》、參以諸祖師語錄，必有全然圓解的收穫。

第二步是參學明眼宗師，依止學修，諮訣心要，點開心結，指示性本。

第三步善用禪法，疑參交資，行持無滯，轉一切禪法、師法而為己用。

第四步是初初打開，實知自心，領悟不昧，保護不失，深入體驗，安住不動。

第五步是三昧常然，妙用無盡，無為而無不為，以豐富的經驗，引領有緣，契入禪行，方便應機，圓活無礙。

未悟之前全是無明的作用，若知無明本空，不再妄認身心世界，即能產生正道的信心，繼而信師、信法、努力下工夫修持，或疑而參、修而證、脫而空、定而明，及至智慧的頂點時，放心一躍，便是回歸的好時節。

禪悟的關鍵在於參究。

自覺的參究是內心世界巨大變革的前提，也是由凡轉聖、由識轉智的必然過程。現代人可以由廣義的參究而入於現前的一念，如對於人生與宇宙，社會與個人，信仰與解脫、煩惱與菩提，存在與意識等方面，一一參破，當一切疑難解開之後，再深入參究心的念處，即動即觀，直至觀至於無，於無念之中，一心深入，觀破此「無」，即得正悟現前。

在自覺的參究中，無論是依師而學、依法而參、依心而觀、依智而照，一一都不能離開真實的工夫。工夫即時空不二的當下體現，使現前一念有了作工的能量，有了一貫不異的方向，有了明確不昧的了達，這樣纔能以正念不斷地體入實相。所以，一旦行人離開了工夫，必會飄逸不定，隨緣放蕩。

拆除舊房要用工夫，建造新房也要用工夫。不破是決然不能立的。卸下船裏的貨物是工夫，再裝入其他貨也是工夫，不放下的人也決然無法真正舉起。

禪的工夫像遠駛的航船，不能超載，許多對經書、宗派、法門的執著，正像超載的船，它要成爲無人無法的空船，以智慧與經驗引領向前，纔能安全地到達彼岸。

工夫有歸於性地寂滅一切法的，也有起用而圓應於一切事的，如於自心不昧，平等無住，寂照不二，萬有不滯，則必是中道不二的圓明。因此，唯有依體而觀的人，即不立真，也不除妄，閑閑蕩蕩，妙用恆沙。

但我們常在行禪人的表現上，看到不少人落在世俗知見裏，外道行法中，執著偏見及有爲欲望而不自知，像這樣見地不純真、不確切的人，就是修行到白頭，坐爛蒲團，依舊還是在妄想裏做活計，毫無禪悟的消息。祇有轉三業爲靈覺之用，化一切法爲自性之量，處處回頭，時時返照，雖一念萬年認真做工夫，卻離工夫的知見，我修我悟的分別，超越成佛作祖的心礙，一切歸於平常而又念念即真，如此方能體悟禪的真義，真正證入本性的大光明祕藏！

雖然已參學於明師，得行於妙法，如果把煩惱當做實有，妄想當做敵人，不善於參悟性空之道、不悉心體究法旨，儘管身在師門卻難會師意。不明法用，不了心妙，因此悟入心法而依舊顛倒，反而易生貢高我慢，名利是非。

師父不是標誌，禪法並非門面。見師應見師心，用法應知法旨。解悟僅是指歸，明悟正是工夫，唯有綿密深入，直至證悟現前，方脫工夫的痕迹。全體法界，一心絕照，一切現成，心光常明！

悟入之前要死做工夫，死透了纔能活過來。決不能有一絲活絡，如果心眼太活，見異思遷，則偷心不死，很難放下一切，故要阻斷一切妄想攀緣，立志做一個無事人，祇有深入其中，方能愈見力量，一旦妄心消盡，脫開本來。雖自知體性，還須明師印證，方有護養長大之功、啓用之妙。

悟前做工夫，雖有身心痛苦，道上辛勞，境風動蕩，卻不能加以壓抑，唯一心用功，決無它想。雖有是非曲直、善惡事相，內外變化，卻無心旁顧，一任放下，絕不去辨別取著。

既悟之後，性體空明，無礙知現，無爲而用，當機立斷，即境而發，處處合拍，確然不移，法爾天真，頂天立地，巍然不動，其廣大的願行，隨緣而自在。

沒有開悟前要做工夫，即悟之後仍然還要做工夫，一實一虛，自有不可同日而語的意境在。因此學人捫心自問，自知行在何地而做相應的工夫也！

金剛禪修持法要

每一部佛典都是一套嚴密的修持之道，其中均含有教、理、行、果的佛教四大綱要，儘管其法有五乘修學的不同旨趣，但無一不是令五乘根性的人依教、理、行、果而起信、解、行、證的修學之路。因此學修佛典，一要注重實際的行持，以求即生實證而得真實受用，不能光停留在理論上；二是應專精深入，對於一佛典、一法門，要盡畢生的精力，不斷地使自心體悟其中的微言大義，然後返照自心，證入三昧道果，而不可貪多爲快，濫學許多經典。不講究體悟與深入，則等於入了寶山，不去專一挖掘，必致茫然空手而返。

《金剛經》是一部與我們這世界很有緣的佛典，家喻戶曉，人人喜愛，因此持誦的、研讀的極爲普遍。這與《金剛經》文字簡潔、義理深玄及持誦的福德靈感有關。早在唐代，禪宗五祖弘忍大師就向弟子們提倡說：「但誦《金剛經》，便得見性。」祇要你一心持誦《金剛經》，就可以悟入大道，明見本性了。這是何等高妙直截之法！但是現在持誦《金剛經》的人雖很多，而大部分卻不明經中義理，不求證道妙，祇是求一些人天福報與眼前的利益，也有些是依經求知解，僅在意識上卜度，而真正發心欲開發自性光明的並不多見。沒有正見的持誦，定然與經義不相符合，也就得不到經中所示的真實果證了。

佛法本來是隨機施教的，茲謹根據目前持誦《金剛經》者的一些弊端，試依《金剛經》本義以及歷代祖師與恩師的開示，編寫，〈金剛禪修持法要〉，供持誦者參考。

「金剛禪」法是禪淨合一之法，即在持誦與修持時，明心見性，證體起用，然後消除宿業，打磨習氣；並發願求生西方淨土，時時念佛，期以臨終往生。

一、金剛禪宗旨

任何一個修持法門，都有一個明確的宗旨，不明宗旨的修持，必然得不到預期的效果。金剛禪是由凡入聖，由染污轉清淨的般若大法，因此它是超越凡情世見的**直覺智慧的覺照**，不同於有爲執著的修持。

直覺的智照，在具體上就是「無住」。經中說：「應無所住而生其心。」這「無住」的法義就是《金剛經》的經眼，也是本禪法的宗旨。這即是般若在修證上的靈妙活潑的智照。

那麼，怎樣纔是「無住」之修呢？所謂無住，並非不要念經修持，而是指在依法修持的過程中，不著在「住」上，即不執著於法及各種反映。我們無住用功有三個層次：第一要不住著在外境的幻相上；第二要不住著在妄見上，即經中所謂「三心不可得」，也就是不住於心；第三要不住著在法上，因爲還有一個不住的法的概念在心中作用，仍然是法執，所以要連不住也不住，一切無著，清淨空明，纔能真正返歸到無住的真如實相上。

以上所說的住相、住心、住法，都屬於「我」：麤的是「我相」，細的是「我見」，均是動煩惱、造業而致生死輪迴的根本，障礙我們成道的也是這個「我」，所以修行先要空「我」。但是修行到了一定程度，連空「我」的「空」也要空掉，而空掉的「空」又成了法縛，所以祇有到了不著一切，取捨自在的時候，纔叫做真正「無住」。體悟了這個「無住」的「住」，纔算證入了三昧正定，圓悟了「金剛道」妙體。

修學金剛禪的人，無論在持誦、禪坐、起用等方面，都須一一符合「無住」的宗旨去觀照，方能與法迅速相應。

二、持誦禪修法要

持誦修持法一般分爲天臺宗的三觀誦法與禪宗的直觀誦法的兩種。而以直觀誦法尤爲初學入門的捷徑。持誦《金剛經》爲此禪法的最基本的部分，初修者從此而入門，而悟後仍須持誦不輟，以進一步深入智海，因此持誦法須終身修持的。

㈠、持誦前的準備

安排淨室，上供釋迦如來像，焚清香一炷，列諸供果。距像前二公尺內擺經桌坐椅，桌與椅的高度須適宜。經本應以四十五度斜度安放在經架上，光線應以佛像爲中心而四周略暗，能照見經文即可。誦前先禮佛，然後繞佛三匝後上座，調和身、息、心使之寬鬆安適，自然恬靜。

㈡、持誦的直觀法

持誦時，先依儀規至誠合掌觀想而誦，使心觀合一，持誦正文時，左手結方便印，右手翻經本，口微動出聲緩緩而誦，使兩耳能聽到自己的聲音即可，不要太響，因太響則心氣上浮，不能使心寂止安住，但也不可以無聲，無聲易落昏沈與亂想，總以心合於聲，聲入於心爲佳。眼睛似看非看地循經文漸漸而移，不可太快，也不可太慢，同時不可脫離文字光靠記憶背誦，更不可停在某處進行思索，應以無住之心將眼識、眼根及經文色處打成一片，攝持不失。這樣，在持誦時，心意隨眼之所到，自然帶動舌根出聲念誦，其聲經耳根而入後，反饋入心，於是使自性在這微妙的直覺觀照中，融入平等無爲的清淨境地，不動不出，無我無法，久之在不知不覺中豁開本性之光，徹悟自心之佛了！

持誦應注意以下七點：

1、不可以知解心思惟經義，對忽然出現的經義聯想，也不要去分別。

2、正在持誦時，如忽然出現妄想，不能自制時，不要理睬它，應一心依經文持誦，開始時勉强，久之，自能妄想頓盡，清淨朗現。

3、持誦中途，忽受外界的聲音、事緣等干擾時，不應起應付心，應不顧一切地一直持誦完畢。

4、在持誦一定程度後，如出現佛相、光明、贊歎及説法之音等，都不應生歡喜心，因爲「凡所有相，皆是虛妄」。此時應放開一切境界，不去住著，一心持誦經文。

5、如在持誦時，由於身心寧靜歸一，忽然身心都忘，不見内外，又無沈重暗蔽，祇是一片淨空虛明朗穩。此時不必再起心分別境界，以及再生起持誦之心，應一切放下，安住不動。此境界過後，可以即調和下座。但不可生奇特想，也不要對人宣說。心中仍是平平常常，不去計較。

6、持誦時，應注意字句分明，諦了無謬，不可含糊過去，又不可分別太甚，使心不安寧，因爲一心直觀之時，不生偏倚，就是般若的正觀妙門。

7、時間較充裕而精力又佳者，可以連持經文數卷，但不可與其他經文夾雜而誦，否則便失去效果。

以上七點注意事項，應對照而修，防止走入偏差以致失去殊勝的利益。

㈢、誦畢後的直觀禪法

經文持誦結束後，不要起誦畢之想，也不要急於迴向、下座。應該照原來的坐姿結印安坐，放下一切身、口、意的作爲，不起一切用功之見，無爲無住。要使心念如同溪澗流水一樣，隨其慣性流去，不作任何人爲阻擋與控制。這樣由於持誦時的直觀之力的相續，使此時心境仍是直觀，因爲已離開經文，不再出聲與循文，故比以前更趨向自性的返照，故此時往往直入寂靜的境地。當到了不想繼續坐下去時，應持誦〈金剛經心咒〉數十遍乃至數百遍，咒文如下：

南無盔嗄滑的，真嗄鉢拉米大約，
嗡　乃恩的達　愛力血　愛力血
米力血　米力血　瓶乃盈　瓶乃盈
南無盔嗄滑的，者登喎勺的　愛力的
愛力的　米力的米力的　虛力的虛力的
烏虛熱　烏虛熱　步又也　步又也　娑哈！

此咒乃是《金剛經》之心體，每次持誦後誦之，便能證得性空，獲得無量的功德，故密藏中有謂將此〈心咒〉持誦一遍，其功德等於讀誦九億萬遍，因爲合照於自性光明，所以有如此不可思議之力用。但在持誦時，也應無心而持，不可有功德相的執著。

〈金剛心咒〉持誦畢，即合掌迴向，調和下座，禮佛十二拜，而結束此一座的修法。下座之後，仍須保養心境的安靜清明，不可起諸煩惱，打失心境。

以上持誦法，事忙者每日至少一座，事閑者可修二座至四座，無論定在早晚或日間均可。半年後，每日祇須一座，不必多持。每座修法應以一小時至二小時爲佳，不可匆匆了事，應緩緩認真行持，時時注意禪心的直觀安詳之態。

三、直觀坐禪法要

依前法持誦三個月至半年後，或明或暗地體入了實相性體，初得悟明自心。由於各人的根器及用心的善巧不同，故體入亦有深淺的不同，爲進一步深悟心性，證體起用，除仍堅持誦經外，每日加修直觀坐禪的行持之法。

直觀坐禪法可定在每日早晨四至六點或五至七點，也可定在晚上七至九點。每座須修足二小時，不可懈退。入座時須調和身、息、心，然後手結定印，直觀自性。此中用心全來自誦經後所體驗的直覺無住的寂靜心，不須另有所觀所修，祇是無爲不動，即可直入天真妙性，智光湛照，一念獨朗。

總持圓明國師曾述上根坐禪云：「上根坐者，不覺諸佛出世之事，不悟佛祖不傳之妙，飢來吃飯，困來打眠，非指萬象森羅以爲自己，覺不覺俱不存，任運堂堂祇麼正坐。雖然如此，於諸法不分異，萬法不昧矣！」即是指禪坐（亦指一切處）中不落一切知見，不住一切有爲之法，超脫相對境界，融入一元本心。因此，直觀坐禪中，不生一切追求，也不轉化妄念，祇是任其自然，無心直觀，久久必能悟入真實佛法。

假使中間遇到境界不能透過時，即時方便持誦〈金剛心咒〉，直至境界亡失，恢復平靜爲止。平靜後，應將咒也放下，又入於直觀之中。

此法即是達摩祖師「外息諸緣，心內無喘，心如牆壁，可以入道」之法，也即是五祖弘忍的「守本真心」之法，亦即是六祖的「無念、無相、無住」之法。故修此法者，因爲有持誦《金剛經》時所獲得的禪悟體驗，已經培養了根性，所以可直入禪門，了悟自心，速得道證。

四、無住起用法要

修行不但靠座上的培養體悟，更需要在體悟之後起用於人事之間，使無住的真心能在一切境界中出入無礙，應用自在。以此方便調伏習氣，利益衆生。

而此起用之法，仍不離「無住生心」這一原則，而如水中畫畫一樣，邊畫邊消，了無痕迹。因此儘管做一切事——語默動靜，等於没有做，心中了然無著。

修持到了此時，有時仍有習氣現前，此貴在覺知的快，一覺即無，立復清明之境，如仍不能立除妄習，應在心中起一「斷」字，頓除一切妄波，返歸平等之性。

修持到了能有把握時，還應發願以西方爲歸宿（當然也可依自己之願而行），經常念佛聖號，保護心性的清淨。臨終方可有把握地自在西歸。

五、自我印證法要

修此金剛禪法，到一定因緣時節，必會悟入實相。悟入之後，則須經過印證，方可保任真修大道。此時如能遇到明眼宗師給予印證則是大好機緣，應虛心受教。如不遇明師，苦於心不自肯，則可應用以下六點自我印證之法來衡量自己的悟證境界。

㈠、當豁開本性，體入實相時，應是湛湛寂寂，了然無寄的。此時，了了分明，一念不生，雖住於真空之中，絕無一個體知此空的我，及所知之法，如仍有體味，分別之心，爲未悟入。到能所雙亡真知獨朗時，親切神會，方爲真正悟明心性。

㈡、閱讀佛典時，如真已悟入，則皆覺得從自心流出，決無名相之執，也絕不隨文字而轉，而是處處消歸自性的。

㈢、在功行得力時，出現空、明、樂的境界，如不能識知虛妄，則未真悟；如雖有功力妙境現前，心無住著，不生取捨，不受法味，方是真悟。

㈣、在一人單獨無事時，如覺得缺少熱鬧等刺激，心欲尋求外法，則說明心不自安，禪態已失。如在獨處時仍然不減其無盡之樂，法味內充，則是親切悟境的自在受用。

㈤、在根塵相對時，如見聞覺知被境所遷，生起不同的煩惱，內心即失去安寧，又不能立即覺知的，此爲未真正悟入。如處處以直覺而照，真心無住，雖偶有煩惱習氣觸動其心，但能立即覺知，一照即轉，不入迷心，則是悟心常在的印證。

㈥、做夢之時，如仍被夢中境相所迷而生各種情見，不自覺知與決斷，則證明悟心未徹；如在夢中雖無用心，但仍能自在覺照，不生幻覺，心地平直，入而不迷，此爲真正悟徹的印證。

以上六點印證之法，衹是簡略列出，此外如對愛、怨一切是非等境的細節還很多，這在各人自己的體悟，以自己的智慧來作深妙的正觀；以不斷轉化無始妄執而逐漸圓顯無上佛道。珍重！珍重！

安心法要淺述

藏傳佛教寧瑪派的最高層次與漢地的禪宗極爲相似。安心法要是寧瑪派一部著名論典——《恆河大手印》一書中極其重要的部分，它揭示了學修佛法，悟證菩提的關鍵要訣，屬於大圓滿修法的精髓。

安心法要以正見、正定、正行三個部分的修習，來顯示行人如何達到最高悉地的行法要訣，是一切法中的最高層次，所以在《恆河大手印》中說：

見、定、行的三要是三世佛之密意中心，一切乘的頂尖，故曰：「諸佛之母。」

那麼，三要的行相是怎樣的呢？第一要是在觀妄心境中，迴光返照，打開本來，親見法身，承當正見；第二要在不忘失正見上，融妄念入法身妙用，在對境中時時返照，無住無爲，熟識法身清淨本相而正定不動；第三要是在妄念滅處堅固而定，念無連續，法身智慧的正見在一切時中不再忘失，具足正行。

這三要的安心法門一一不離法身自性，完全依自心所開的智慧而行道，不落次第與有爲法，因此《恆河大手印》中概括說：

如上三要乃自性大圓滿之見、定、行、果四者，於自性了徹之境中，統攝爲一面行之最極心要，亦即定即行之要，即是於何時了悟赤裸裸之智慧性，即何時得其自性智之見宗。見與定雖分述，體實一也。如此行持自性大圓滿本體清淨之無失要道者，實九乘之巔頂，其餘各乘之道，即隨從而爲此道要之臺架與助伴。

修此法的人，是否要經過密乘的灌頂？

「最上大手印，無須灌頂等修，但教敬禮承事上師，或觀上師微妙身相，立得證悟。」因爲「心境不二，法界莫非上師。」（《恆河大手印》）

以下試據《恆河大印》中的「安心法要」部分內容，淺述其三要的修習方法。

第一要　正見的修習

修安心法的人，首先應該知道歷代傳承無上密乘的諸位上師和我現前一念之心，是沒有絲毫差別的，一切的行持法門都是現前一念心的轉依作用。因此善於把握現前一念心是修習安心法的關鍵，不能離此心外，另求它法。

初修正見的人，先要認知一真法界這個宇宙人生最真實的元體——它是原本如此，既非創造，又無可消滅的如來藏心。這個如來藏心，能夠顯現無量染淨諸法，所謂四聖六凡均在心中顯現其差異；而差異的諸法又即法爾平等，一一無非法性的全體。由此可明白修行者的現前一念心雖妄而真，全體是法性的妙用，與諸佛、上師所證之道體是原本不二的。認知了這一層義理後就可以進一層理解：正見的宗極絕不是知識、經驗、功行，真正的見宗唯有般若這個超意識的直覺之光，而這個般若智光，不從外得，它是自心本具的性能，所以祇能用離知的智慧來觀而照之，使之顯現一真法界原本的體性，然後纔能在智光普照下抉擇萬法，明辨性相，無住應物，開發智慧妙德，圓成菩提涅槃的果位。

具備了以上的認識後，就可以進行修習。

一、選擇一個寂靜的地方，關閉五欲，放下一切事務，專心修習。

二、把握適意、安定、明顯、寬鬆的四要點，使貫串在整個修習過程中。

三、觀照現前一念之心坦然而住，無牽無掛，不取不捨，無求無離，無欣無厭，使自心既不拘束執著，也不放任自流，處於一種平等無爲的狀態。久久修習，就能夠顯現本淨的智慧光明，獲得正見的開發。

四、在觀心中要用以下六法來護養自心清淨：

(1)、不想：不回想過去一切諸事，因回想影塵易落實有之執而成生死之因。

(2)、不思：不思未來諸事，因思念未來易增强懸慮而障礙無分別智的開發。

(3)、不尋伺：不尋求伺覺現在之空境。因追究法空之境，反易生起妄見。

(4)、不緣：不攀緣一切外境。因在根塵相對時，容易執著於善惡而產生取捨等差別知見，也必隨於妄見。

(5)、不修：不作光明想、空淨想，即無為而住，不落修法的妄見。

(6)、自然住：心不動搖，安閑無事，如乳嬰般地恬適，隨所顯現，無所取捨，不被戲論所亂，離一切言語概念。

在以上修習過程中，如出現樂、明、無念等功力的境界，應當遣除對它們的貪染，使心自然住於清淨。

如在修習中，諦觀自心體性時，忽然好像聽到巨雷般的爆炸，此時三際頓斷，本明畢露，了了分明，一念不生，這時就已證入大手印的自體，也即初見法身，悟入自性，具足正見。

打開本來後，覺受十分親切，此時如未得到上師的印證，那麼雖修習無作的諸行，卻不具備保任的功能。因此，印證見宗是第一要中的關鍵。印證見宗後，纔可以自己印證自住的直覺智慧，同時深悟此性常恆不變，諸佛的一切功德妙用，無不從此性中圓成，因此在承當之下，保任此性不向外求，直至圓滿菩提果覺。

《恆河大手印》中結歸初要說：

洞達離生滅有無諸邊，超越語言分別境，而自安住離言思之智慧性境中，此指法身體性智瑜伽見宗。如不識此妙而修，則是未離心之作用，及有爲之見，與自性大圓滿道懸隔，不得無修光明輪。

由此可見，初要修習中的打開本來，徹見法性本性，是一切修行中最重要的開始。

第二要　正定的修習

正定的修習是在成就正見後進行的。所謂正定，就是時時不離性體的無爲而安住不動。因爲在修習正定時，要使現前一念之心如同流水一樣，任它自由流逝而不作任何的控制，所以無爲任運能使心念自然安住，進入自性的正定。因此在心念的起伏時，不作肯定其善的動機而成立此念，或否定其惡的動機而進行遮遣的觀念，這樣以無作的任運之道去觀照自心，就可以獲得法身清淨不動的真實自相。由此可知，當心念起時，不要隨之產生虛妄的分別，應該直覺地了知現前之念，不隨著它們各種流變內容而有所遷流動轉，這一直覺了知就是自心智慧的功用與觀照力。

一個進行正定修習的人，在一切時間裏，無論是平靜的處所或喧鬧的環境，都應該以直覺的智慧去觀照，心中不生厭喧取靜的妄執，那麼自性就能平等而住。進一步講，放逸不修與勤積修習，在法性上是平等一如，而沒有功過與增減的，因此，修習正定的人既不可著於放逸之行而流入毀犯，也不能克求勤積的修習而取染於虛妄的功用，而祇能隨自己的本份與因緣的情況無爲安住，纔可以與正定相應。

修習正定時，對於貪瞋煩惱的到來，或者有苦樂的感受時，都不應被虛妄的現象所迷，應該了知，煩惱、苦樂的自性本來空寂，都是法爾而生的幻相，因此既不去著意斷伏煩惱，也不可產生厭離或欣求的心理，一味觀照本空心體，就可以獲得法身的妙用。如果對這樣幻相不能了達本空而自然任運，就會因迷幻相而使妄念紛馳，墜落在凡愚妄見與妄情中。所以，對於煩惱及一切虛妄境界現前時，應該不隨之遷流，而常常處於無修的、大自然的、自性正定的安住中。

無論在甚麼時間，在何等修習層次上，祇有時時認識直指的見宗，無爲安住，那麼，一切佛法都已經完全融攝其中了！因爲修習正定的人，不可以在各種各樣的妄念起伏上，作各各不同的調伏對治，因爲妄境與妄心對治，就會失去見宗的清淨無住，而落於對境相的妄執。

妄念與煩惱的當體，都是法身本覺的智慧相，它們的自性也就是法身本體光明的真實相。修習正定的人，能夠在妄念與煩惱上，直覺了知其體本空，不染不著，就稱作安住於本體的光明；對於直指自性光明的見宗，假使能夠熟習它的本淨自相，就是進入了行道的始覺的光明，而任運在這無分別體與道的兩種光明的自相，就是所謂的光明母子相會——本覺之母與始覺之子的契合相會。

修習正定的人最重要的是不忘失已經體認的見宗自相光明，而在應緣對境的觀照功用中所產生的妄念與煩惱，絕對不可以起任何遮遣與成立或取捨等，這是進入正定保任的關鍵之處。

這樣護持直覺觀照的時日一久，就會出現樂、明、無念等的功力境相，這些境相因爲仍是細妄的執著，所以就會遮蔽本無一物的自性淨裸的面目，此時應當用智慧觀照其虛妄性，揭開這一層的皮殼，自性的真實面目纔能夠赤裸地顯現，這是以內照的智慧來破除功力境相的妄執，從而達到正定的明朗。所以，修行正定的人，在進入細心時，應經常覺察自己，除去樂、明、無念等的覆蓋。

當修行正定的人，出現樂、明、無念等功力境相以及世間歡樂愉快等現象時，而自心的觀照力不足，往往被它們所覆蓋。這時可以運用力念方便能括的「潑」與若能斷的「吒」兩語音，持此語音時，觀想猛然從上落下，就可以頓破貪著功力的皮殼，重新呈現赤裸的智光。借此語音的加持，是一切時間中能夠保任離絕道驗的關鍵與要點。

對於無可言思的自性已經了徹的人，入定和出定的兩種行持對他來講是沒有區別的；上座與下座的修持也是沒有區別的，因此，進入這一層次的人，就是不修的大修，是自性安住於平等普遍的智慧中。證入這正定的瑜伽（相應）之道的人，就像河中的流水一樣，即不需要任何微少的修證，也沒有剎那的妄想馳散，而是常處於無作任運的正定之中。

對於這自性大圓滿根本道有成就如卍字日的人，也即對於圓滿法的如量得解，或可頓時獲得解脫，也就是說成就了色心大離體所顯的一切法身的妙用，此時即有多功能的意生身及神通妙用的證啓。就可超越能修所修的相對界域。假使還未得到堅固，也就是心中仍會現起妄念，或被外力所影響，那麼仍須捨離緣務等使心馳散的處所，到寂靜處一心精勤善巧修習禪定，堅固正見，聚集道力，否則的話，縱然長期地修習，因爲心力不足，不能堅固自持的緣故，對於道的證驗就不會出現，所以就難以證法身妙用。因此，在寂靜處閉關修習的好處，就是轉化在生活習慣或其行儀上容易染污的習性，所以專心精進正定，能夠開啓根本定心上道力證驗的智慧以及後得的智慧，而相互融攝，獲得成就。

閉關的修持，雖有環境及護關人以及依賴於本定體的行持，但如果不知道長養後得智，使它與行儀相符合，那麼，在各種行儀上就落於對治法，這就不可能征服各種因緣的困襲，致使被妄想煩惱的因緣牽入凡愚的障礙中，所以長久保養和了徹後得智，更顯得重要。而保養與了徹後得智，也沒有其他另外的方法，衹是時時不離法身空寂的本位，在正見上不落於能所是非等分別之心，使之任運自然，常常保任於惺惺寂寂之中。

以上所述的第二要正定修習法，究其實質，也就是依於正見的分別自性的止觀法門，這即是無爲俱生法爾的自相，同時也是一切行持法門的心要。如果用分別心離開自性去作有爲的修習，等於是投入了羅網，是沒有解脫之日的。而這無分別的止觀，就是法身自住的赤裸智慧，它不從外來，完全是如來藏心所開顯的本有功德。因此當進入正定後，必然決定要護持本來曾經被無明所迷的覺性心，使之相續不斷，任運圓成，不再迷失。

第三要　正行的修習

從正定到正行的修習，其中最重要的是：如果沒有成就解脫智的道力，僅僅祇住於休心息慮的行持狀態，仍舊不能超越色界及無色界的束縛。因爲沒有成就解脫智的道力，就不能自在地克制貪、瞋、癡等煩惱的緣起，以及諸行的業境遷流，於是就不能超越其界的束縛。因此之故，在未獲得決定的道力時，遇到喜順的境緣時，便生起貪染愛著，而在逆拂的境緣中，則生起瞋恚對抗的心理，譬如對病中的疼痛，便易生起苦受的妄想等。而這所起的一切順利境緣，都是自性的功用顯現，但未得解脫智往往被其所轉，而失去自性的正定。因此祇要具備了解脫智，就能超越境緣的染著。所以，在正行的修習上，對解脫智的體認是最極重要的。

假使未獲證心念起滅的法要，那麼，在生滅念上所滲漏的妄心，便都成了輪迴的業因。因此，不論是麤妄念或者是細妄念，均須在起滅時隨之而掃盡，並隨之保護自性空寂的正觀。這就是說，要在心念起滅上不以縱任而使之成爲熾然的妄心業流，但對生滅諸念，也不可用觀念來對治妄念，祇要能夠時時不離自然的本性，用法身智慧去任運觀照，使妄念不相續下去，就能與妙道相應。這就像在水面上畫圖畫一樣，一邊畫一邊也就隨之消失。但要注意，妄念雖然自然消滅，還未算作清淨境界，因爲這時僅僅了知妄念境界，但仍舊還沒有徹底斷除惑亂的業流，所以未能解脫三界的束縛。因此，必須在了知妄念自滅的同時，立即識知顯現自然本識的智慧性體，就能夠自然地安住於清淨本然中，這樣修習，便在妄念滅處的當下清淨隨之而得，這是正行修習上更爲重要的關鍵。

在妄念起滅的同時，隨來隨空，正如水上繪畫一樣，是不留痕迹的。由此可見，心性之體本來就是清淨的，妄念起而自起，妄念滅而自滅，其本位的觀照，綿綿密密，相續不斷，這樣的正行修習，就可以證得任運的自性大道了。

所以在妄念起的時候，任之起，不作對治克制，這妄念起來之際，應該立刻直覺而照知，這所起的妄念都是本元清淨的覺道正行，而不是離開妄念別有所修。因爲功行到了這一層次，心中毫無黏滯，妄念全體是妙用，一一念中具備了恒沙的道行。所以從真俗不二的妙諦上說，無念就是有念，有念即是無念，念而無念，無念而念，正起念之際，不見有念可起，歸於無念之時，不有空寂之見，完全是真心的靈妙受用。

依賴妄念去調修法身，那麼自心中所現的妄念，都是因調修之力而呈現爲自性的微妙受用，也就是說五毒妄念所現的麤執妄相，都能夠使之具有自性的解脫的光力，時時照明其本空而成就法身的靈妙受用。

一切的妄念，都是由自性通徹境界中所起的妙用，因爲有無取無捨心的護持之因力，妄念的生滅也就完全無法超越法身妙用的境界。就妄念相的一邊說，雖然具有無明色相，但就它的自性說，是完全不能超出法身智慧的清淨心。所以，在廣大不斷的光明觀照下，妄念的自性原本就是空淨的。

如果力量未充足，還須注意三修門的行持。

㈠、身修：離諸作爲，如世間無益之事及其他出世之行法等，唯安閑寬坦寧身安住。

㈡、語修：無益之世間語及咒誦均止，安靜如谷。

㈢、意修：離戲論思量比對心想，即觀想作意亦止。自頭至足，空如竹筒，心等虛空，絕一切分別，離沈掉無記，使意念等持惺寂，靈照無取捨執著，住於本妙明淨體性中，即大手印定。

常常如此無修而修，忽於剎那間，如暗室燈燃，光明開朗，涅槃自性，俱生本覺之智光，全體畢現，立證無上正覺道。

通過如上方法的長久的修習，就會達到妄念來時就自然有道力起來調治，並證入動靜一如的境界，獲得堅固不壞的三昧正住。

無爲正行的功用到了最極的時節，雖然在外表上顯現喜憂、疑慮等的妄念境界，與凡夫一般無二，但內在卻與凡夫對成壞等妄境的實有執著完全不同，凡夫是隨妄境去結集行業，是隨著貪等妄力受其轉移的。而正行則完全是妙用的顯現，因而當心念起來之時，立即識知妄念的各種相貌，而正在識知之時，妄念之相也當下隨之而滅，譬如遇見舊時相識之人一樣；其次則妄念必然自滅，譬如蛇結自解一樣；最後是妄念無利無害而隨滅，譬如盜賊進入空房一樣。這樣的功用，是解脫法中的妙要。

如果僅祇知道正念的修習，而不明如何解脫妄惑，還與修習禪定的功效一樣，是不究竟的，不能斷惑證真，獲得解脫。因此，如不具備這種解脫道法妙要的修習，雖然依賴心力能夠堅固地安住於禪定，也仍是落於上界禪定境的束縛，不得成就菩提大道。

如果僅以了知妄念起住爲滿足的人，則是與下劣狂惑沒有區別，或者偏著於空而求法身印契的種種思量，因爲沒有解脫道力，所以在遭遇惡緣時，則所修持的功力無法解脫境界的束縛，反而於中自觀各種過失，忘失正行的無爲。

因此，修習正行者應明白：妄念的起滅自體本空，所以無論是甚麼妄念，終歸於寂滅。而妄念的寂滅，都是自然的寂滅，因爲隨妄所起，其體本淨。這寂滅解脫之相，就是自性現量解脫的唯一要訣，也就是自性大圓滿殊勝法門的不共要妙。具足了這殊勝要妙，不論所起的是甚麼煩惱妄念，都顯現爲法身自體，妄念全體是智慧，逆緣都成爲助道的伴侶；煩惱都成爲覺道的妙行，這樣就達到了不捨輪迴而安住於清淨解脫的世出世間不二的中道實相境。悟證此道後，在一切染淨或纏縛中，都圓成無功用的修證而任運自在。如果不具備上述的解脫道力，雖有至高的見地，甚深的修持，對於自心本體也是沒有真正利益的，因爲煩惱力未退，不是真實的大道。假使證得這妄念自起自滅的妙要，雖然毫無至高的見地的修習和甚深修法的緣依，也能夠依真性要妙之道從人、法二執的纏縛中獲得解脫。這譬如到了金洲，沒有其他雜石可尋。因此在妙要的正行修習下，所起的任何動靜妄想都是現成的真實定境，要想另外尋一個能迷亂自性的事物，也不可能！

畫龍點睛小議

畫龍點睛是譬喻禪家點化行人直接成佛的大作家手段，也是禪宗頓悟成道的快速與活潑的體現。因爲禪是教外別傳的大法，佛祖一脈，心燈不絕，原在於把握了佛心的無上知見而隨機應變，活用於因緣時節的當下，所以直指人心，見性成佛，就成了禪的根本旨趣，不傳之祕了！

但是，如果龍未畫好，此睛也就無從起點。那麼，甚麼是龍呢？龍者教行之謂也，通達佛祖言教而確立正信、正解，由斯而立大願，實際行持。教行一致，具備相當的基礎，唯欠腦後一椎，點開心要，於是在機緣到來之時，被明眼人一點，剎那頓悟，心地法眼豁然開明，其龍也就騰空飛去了。

達摩接二祖，安心即了；六祖之點示，來者悟入；潙山度仰山，撥火見性；德山在龍潭，火滅心開等等，無數先祖的例子，都因先畫龍，而後方有點睛之因緣也。又如雪峯禪師十二歲入寺拜師，十七歲落髮受戒，長時間參學善知識後，依止德山禪師參禪，可謂畫龍已就。一次與師兄巖頭阻雪於澧州鰲山鎮，被師兄一一點破後，終於因「他後若播揚大教，一一從自己胸襟流出，將來與我蓋天蓋地去」的言句而大悟，故歎之爲「鰲山成道」！

畫龍當然要像條龍，似龍非龍必難見真龍。所以初入禪門，首先要有正信、正解，然後以正皈自性三寶而行覺照參究之行持，淨化三業，理事無偏，方不入狹小偏僞之邪徑，因地不正，果招迂曲，古來大德非常重視禪人的道德修養與自我反省。

宋佛日契嵩和尚曾開示說：「尊莫尊乎道，美莫美乎德。道德之所存，雖匹夫非窮也；道德之所不存，雖王天下非通也！」

這正好說明了學禪的人應先以道德爲本。湛堂就志向立信方面對妙喜說：「參禪須（需）要識慮高遠，志氣超邁，出言行事，持信於人，勿隨勢利苟枉，自然不爲朋輩描摸時所上下也！」參禪者不可著外相，當一心體究大道，始終不易，不可浮想著境，紛紜無緒，流浪世俗之中，所以莫邵武謂潘延之曰：「古之學者治心，今之學者治迹，然心與迹，相去霄壤矣！」

憨山大師有學禪者必通《楞嚴經》的提法，《禪林寶訓》中有「一物無所好」的修養，如是立志、通教、持信、究心、參學、苦行等等都是禪者畫龍的必然過程，持正方向，不落世諦，不虛度年華，耐得寂寞，纔有成就的一天。

曾有一位禪宗愛好者問我：「學禪須（需）要畫龍，纔有點睛的一則，那麼，如何畫龍，有那些方面呢？」其實這個問題早有佛祖的教示，本無須多述，但許多學禪者不通教理，有的甚至輕視言教，故針對現代人略爲歸納而答之於下：

一、對於佛教理論要圓解，使中道知見不偏。

二、要依正理而立大志，盡一切努力直至見性成佛爲止，於中間不存計較時日之心。

三、對於人世間的事物能看得透，不被假相所迷，心中不留滯世俗的問題。

四、性格盡量豪放豁達，對於他人不斤斤計較，心量廣大而不狹窄。

五、要有一股向上的熱忱，樂於道而不疲，求學不厭，不斷莊嚴自心。
六、世俗的習染較輕微，佛法的習執也漸淡薄，特別是障道方面的能覺察而放捨，不拖泥帶水。
七、善於參學善知識，能知真假，明辨是非，虛心禮請，是正見地而受用於自心，不好與人諍論。
八、修禪行法、善巧密行，不露布自己的德行與利益，使道業不敗。
九、善巧安排世俗生活與修道的關係，互濟互融，不相違背，**遠離逆緣**，直行於道。
十、耐得寂寞，無論山林、城市均能不計處所，參究內心。不求伴侶，獨行無為。

那位禪的愛好者聽後，面有難色，說：「這樣的十個條件畫龍，恐怕不容易做到。」是的，禪作為一般性的修養是完全可以隨意研究，所以當今禪的普及都是出於對於禪的清新風格的傾倒，並非真為成道而學也，如果真為生死而行禪，那就得發真實大心，行大道，日積月累，念茲在茲，盡一生的努力，畢竟開悟見性也。不見黃龍祖師云：

古之天地日月，猶今之天地日月；古之萬物性情，猶今之萬物性情。天地日月固無易也，萬物性情，固無變也，道何獨變乎？嗟其未至者厭故悅新，捨此取彼，猶適越（今浙江）者，不之南而之北，誠可謂異於人矣！然徒具其心，苦其身，其志愈勤，其道愈遠矣！

因此，祇要了悟道本無古今之異，修其心，合其道，不管目前根性機緣如何，能持之以恆地「畫」下去，必然愈來愈像乃至遇點睛之緣而成功真龍，圓妙自在矣！

風來波浪起　日出光明生

佛法常把無明煩惱稱爲業風，心識昏動喻之爲波浪，而日出則說明自心的智慧生起覺照，使業風止而昏浪息，心水澄而光明現，於是一片空靈，圓照萬有。

覺照對於一個修行者是否能成就至關重要。但起真正的覺照並非光憑理解，它是來自本心了悟自性後的當下心智的自然而又直接的體現。因此，覺照一起，立即切斷分別意識的相續妄念，了脫對境的纏縛執著，呈現爲空靈無住的清淨覺受。

我們知道，持戒是爲了防非止惡，實現道德規範的生活方式，以和合有利於修道；修定的目的是通過止息雜念，安於一處，使心神寧靜以有利於觀察諦理，降伏煩惱；而開智慧正是反流盡源，徹悟自性，脫開境纏的修心根本。所以，智慧是心識空明之後破惑了習的真正用功，而用功的方法即是起於覺照。覺照不是對立於內外、淨染的分別心，而是自心照自心的不二妙用，因此，不修而修，平等無礙，自然勝妙無比。

那麼，怎樣纔是理悟與事觀的不二妙用呢？正如禪宗四祖道信禪師對牛頭法融開示心地覺照所說：

夫百千法門，同歸方寸，河沙妙德，總在心源。一切戒門、定門、慧門，禪通變化，悉自具足，不離汝心。一切煩惱業障，本來空寂。一切因果，皆如夢幻。無三界可出，無菩提可求。人與非人，生相平等。大道虛曠，絕思絕慮。如是之法，汝今已得，更無缺少，與佛何殊？更無別法。汝但任心自在，莫作觀行，亦莫澄心，莫起貪瞋，莫懷愁慮，蕩蕩無礙，任意縱橫，不作諸善，不作諸惡，行住坐臥，觸目遇緣，總是佛之妙用。快樂無憂，故名爲佛！

由此可知，修行用功，關鍵在於悟明自心，透過一切境緣，不落有爲，自然入道。至於念誦、禮拜、學教、參禪、持咒、打坐等一切方法，無非是借種種方便來培養向上的力量，直到資糧充足，加行具備，萬念攝歸一心，再於一念上不分別、無取捨，因緣時節一到，剎那頓脫根塵，靈知妙性豁然開顯，正於此時一念不生，了了分明，無心而覺，不知而照，無緣而應，無法而用，久久自成一片，任運成佛！

有人理悟已具，禪定亦深，唯因未透過根塵的一關，所以不知如何起覺照，以下就來者所問以呈三答：

其一，問：「甚麼叫覺照？」

答：知暖知冷而心非冷暖，知動知靜而心無動靜，知有念起而知心不起不隨，此知不入過去、不想未來、不落目前。也不昏沈，亦不無記。如是之知恆在當下，無所依賴與對待，心中蕩然無住，安樂無比，即是覺照現前之時。

其二，問：「我修了這麼久，為甚麼起不了覺照？」

反問道：「**問者是誰？**」

來人搜括身心內外，一切無我，無心可覓，於是回答說：「不知道！」

此時一直指道：「**不知最親切！**」

爲何不知最親切，試參看！

其三，問：「雖然已知覺照，爲何不能成片？」

答：因有習氣在，故被境所惑，正於所惑之時，真心即被覆蓋。所以要想成片，平時必須以覺照之力轉化習氣，使自己一物無所好、一法無所掛、一塵無所受、一緣無所對，方能任運成片，自在無礙。

然而覺照契入的過程不可不知，這是初入道時的必經之路。王驤陸居士開示覺照有五個功程：

一、知照：開始知道起用的方法，並且知道非照不能轉，開了這樣的覺慧，就是悟後的正修，但還屬於理解之後開始的事修。

二、照空：以覺照之力而空身心人我的煩惱習氣，已經入於行了。

三、照寂：通過覺照已經到了湛然寂靜的境地，但有時還忘記了覺照，一旦凜然而覺，立刻又湛寂不動了。

四、空空：空空也是覺照，是用覺照之力空掉了空的分別，即連空也不可得了。

五、寂照：這時已到了常寂常照，寂照不二境地，的確是無時不寂，無時不照，照與不照都是寂然不動的，並且不自知當下是照是寂，這是工夫熟到極點而證入微妙圓通之境地。

因爲通過念念覺照，層層深入，自然能消業障、斷煩惱、了生死，而成就道果。但有的行人不放心死後靈性的依止何處的問題，有的依託西方淨土，有的寄願於兜率內院，有的再來弘法，其實都不是靈性覺照的正題，祇是方便的所用。當年山南溫寫信問圭峯禪師說：「悟理息妄之人，不結業，一期壽終之後，靈性何依？」

圭峯禪師回信說：

一切衆生，無不具有覺性，靈明空寂，與佛無殊。但以無始劫來，未曾了悟，妄執身爲我相，故生愛惡等情，隨情造業，隨業受報，生老病死，長劫輪迴。然身中覺性，未曾生死，如夢被驅役，而身本安閑。如水作冰，而濕性不易。若能悟此性，即是法身。本自無生，何有依託？靈靈不昧，了了常知。無所從來，亦無所去。然多生妄執，習以成性，喜怒哀樂，微細流注。真理雖然頓達，此情難以卒除，須長覺察，損之又損，如風頓止，波浪漸停。豈可一生所修，便同諸佛力用？但可以空寂爲自體，勿認色身，以靈知爲自心，勿認妄念。妄念若起，都不隨之，即臨命終時，自然業不能繫。雖有中陰，所向自由。天上人間，隨意寄託。若愛惡之念已泯，即不受分段之身，自能易短爲長，易麤爲妙。若微細流注，一切寂滅，唯圓覺大智朗然獨存，即隨機應現千百億化身，度有緣衆生，名之爲佛。謹對。

從開示中我們可以了知，祇要長期一直覺照下去，從麤到細，剝盡心垢，自然能夠無依自在，而不必再擔心臨終之後的問題。

風來波浪起，日出光明生，
一念透萬法，靈空自無涯！

【附】：上文剛畢，恰有一學生從山中回來，便就覺照問題進行了對話。

問：住山已有一年了，目前覺得定力較深，沒有甚麼煩惱，平時空靈無住，念起不隨，對境不遷，見一切境猶如夢幻不實。但是總覺得有個空靈可守，並且有時起念仍要放下纔不受惑，身心與世界還不能一體，這時應如何繼續起覺照的工夫？

答：你這種情況是依較深的定力而顯現的自覺狀態，屬於脫開境界後的對自性空靈的「保」。因爲有個空靈在，即不得活潑妙用，所以還須借助不隨、不遷、放下等功行，纔使空靈常在。這對初初打開契入的人而言，是十分有必要的過程。但仍須依此空靈而起覺照，參透一切問題，打脫身心諸礙，使自心生大智慧而超越一切，方能於力量成熟時放任自在。

問：我的習性比較內向，偏於空靈的執守，如何纔能照破呢？

答：祇知離障，不落所守，真妄不二，見相見性，內外一體，夢幻亦離，離盡二邊，動即不動，圓光透脫，妙隨無隨。

問：我的慈悲心起不來，那麼如何是菩提心與慈悲的不二口訣呢？

答：菩提即覺，覺徹者無人無法，所以可以掉臂而去，一切無所掛礙。慈悲即性德之用，全在心量廣大，包容萬有。了悟之人心地已經自覺，但因守住覺位，即難啓覺他的差別智，慈悲與方便之德即被障住。故應開脫心量，圓照衆生，使有緣者皆能醒悟而入道。覺他的慈悲之用在於平時，如有人來問法，靈妙覺性一照，當下即知對方的煩惱習性，落在何處，有何障礙，如何方能透出，於是安住不動而一一指點，一一破除，開示以方便向上的前程。這就是慈悲利他的開端。其他如隨順衆生而不逆，遊戲人生而不妨，不雜污於諸行，又不損惱於衆生等等，皆是末邊之用。

問：請具體講講覺照的機是怎樣練出來的？

答：明悟之人時時直覺而了知萬法皆自心所顯，因心中不滯情見，所以於自心所顯的一切境界上，均一一如實而知，既不執又不昧，心無去來，境非生滅，靈然一照，當下現成，此中並沒有次第過程而言，但有力量大小與習性種子等差異。故初練機者，應正於知時，就有應境而顯的微妙動機——動而不動的真機頓然而現，明朗透徹，靈妙無比，應用無差，恰到好處。如此在時時處處，吃飯穿衣，一切運作之中，都如是即機練機，不使有落處，即使偶然失手，知而頓空，不留痕迹，使機用自然、直捷、平常，毫無黏滯牽强。這樣久久練習，念念無住，待到力量充足，必然於法界中靈機起於大用。

問：已悟性空、明了緣起而知覺照的人，是否還須學習教理？

答：教者聖人被下之言，聖人的機用無盡，故言教之被下也無量。如果學人未得會通諸義，不能圓了諸法，心量不廣，智用有限，則應再博覽佛祖言教，透徹文字背後的真義真智慧，以補益性地，拓展機用，使圓心普被，覺他有方。假如宿因圓植，智慧朗然，舉一反三，早已掀翻佛祖言教及公案等一切窠臼、葛藤，那麼，物物頭頭，皆是現成佛法，時時處處無非靈機妙用，則何須再拾他人牙慧呢？因此學與不學皆在當人自己。

問：有人不許論十地內的行智，認爲禪宗一悟即至佛地，沒有階級次第。但依我的體會，十地中的德用並未具備，因此仍須努力上進，一一透過纔是，不知對否？

答：頓悟徹了之人見地與佛同，如高高山頂立，看得很遠，但在行人仍屬因地，故仍須「深深海底行」，經歷艱難的跋涉纔能真正圓滿。因此學佛的人見地須高，心志纔能遠大而無礙，行持要低，從一舉一動做起，步步深入，方能了手成功。

如初見性人，開圓解而見地透徹，就念念覺照於當下的空靈，徹底放下身心世界，因覺照於布施故，所以相應於初地的行智。如進一步念念覺照於三業行爲之機，處處符合於戒律又無落處執著，自然形成道德規範，即行不越軌，平直而合節，這樣就相應於二地菩薩的行智。如此以真智行於德行，隨著覺照之力用的增上與圓滿，也就真止地從地至地的超越有爲進入無爲，直至真正平等究竟。

問：往後修行應注意甚麼？

答：正智圓超，覺受不失，後事不落，計較不生，妙智常用，用處即空，無人無法，亙古亙今。

問：雖然如此，對於出家在家，以及生活、工作等方面是否應做一安排？

答：本來不須此問，祇因仍有計較，所以有未來的打算。其實人生在世，本隨業報因緣而來，祇要明達因果，隨報而安即可。就覺照而言，更是借順逆二緣以練機用，不必預先安排，所謂「上士無恆產」也。如果能做到不為未來事所計，則於當下觀機隨緣而用，定能層層透脫，以至於人事無礙，三界無寄，圓智廣大，妙靈機發，從此蓋天蓋地去了也！

問：已明白覺照啓用的具體方法，但還不知如何在覺照中起圓通呢？

答：覺照的力用不斷明朗開顯，對一切法不受而受，了然無礙，圓超物累，自然證得圓通道力。

如自性覺照於身，因為無身見身染，此身即由性空而顯。如照於一房、一城市、一國家、一地球、一三千大千世界等亦復如是，於是其中一一無礙、無染，宇宙一切法皆由性空而顯，明朗無比，如是窮盡法界，性相圓通，自然圓滿無上佛果了。

反之，如仍有執著染污在，非但真覺不顯，且正於觀時即受其縛。因此在自性覺照中，要即照即空，了盡自性中的染著之念，這即是度自性衆生，然後所向無敵，化一切萬法悉歸於圓明之性海了。

禪的漸修方便與頓悟

永嘉禪師與永嘉禪

唐代著名高僧永嘉禪師，與歷史上許多高僧大德一樣，他一生爲佛教的弘法事業奉獻了自己的身心，慈光所及，人天普利。其光輝形象，千百年來，一直受到廣大佛子的欽仰贊歎。

永嘉禪師先習天臺教觀，悟道後印證於六祖座下，與青原行思、南嶽懷讓並列爲六祖門下三大禪將。一首〈證道歌〉流傳久遠，是禪典裏最令人喜見樂聞的禪歌；一部《永嘉集》，融會臺禪，真機獨露，闡述禪宗悟修圓旨，爲禪林中一枝獨秀。他的門下雖不及南嶽、青原二系人才輩出，形成五家宗派而禪風廣播，但永嘉禪師一生的高風亮節及其禪法頓漸並行的獨特風格，卻是非常適應難以起疑情、參話頭的現代人修學。因此，瞭解禪師的門徑極有好處。本文即就永嘉禪師的生平與永嘉禪法，略作論述，以期拋磚引玉。

一、永嘉大師生平事蹟

永嘉禪師，溫州人，俗姓戴，字明道，法名玄覺，號一宿覺。生於唐高宗麟德二年（六六五），寂於唐玄宗先天二年（七一三）。

禪師少年捨俗出家，受具足戒後潛修於溫州西山龍興寺，他精持律儀，常悅禪寂，同時對當時已傳譯來的三藏經論進行研習，不久，有感於天臺法門的博大精深與切實可行，便一門深入，專精天臺教觀。

唐慶州刺史魏靜在《禪宗永嘉集．序》中贊歎禪師的修學過程道：

少挺生知，學不加思。幼則游心三藏，長則通志大乘。三業精勤，偏弘禪觀。增智俱寂，定慧雙融。遂使塵靜昏衢，波澄玄海。心珠道種，瑩七淨以交輝；戒月悲花，耿三空而列耀。加復霜松潔操，水月虛襟；布衣蔬食，忘身爲法；愍傷含識，物物斯安；觀念相續，心心靡間；始終抗節，金石方堅。

禪師三學齊修，止觀雙運，解行並進；於精勤心中，圓解忽然大開。進而發心專修三昧以期實證。見龍興寺旁別有幽邃勝境，遂於岩下自構禪庵，默默禪修。不久，便體入無生，深證實相。

天臺宗第八祖左溪玄朗與六祖門下東陽玄策禪師，因訪道來溫，見永嘉禪師悟證甚深，因無大德印證，他人莫信，難以弘傳禪法，玄朗禪師便激勵他與東陽策同去曹溪，面見傳承禪宗正脈的六祖大師，以求印證。

永嘉禪師與東陽策一同到了曹溪六祖道場，他左手拿著淨瓶，右手持著錫杖，一進門便以作家的手段：「振錫杖攜瓶，繞祖三匝。」不顧沙門的威儀禮節，直以本來面目與六祖相見。

六祖見而問道：「夫沙門者，具三千威儀，八萬細行。大德自何方而來？生大我慢？」

作爲一個出家人，在進入道場法會時，應具足三千威儀與八萬微細之行。而大德你卻不顧禮儀，到底從那裏來？爲甚麼如此驕慢無禮？

禪師則以沙門本分事回道：「生死事大，無常迅速！」爲了生死的大事和無常的迅速之故，已顧不得區區的威儀與細行了！

六祖聽後立即徵問道：「何不體取無生，了無速乎？」你既已知道生死事大，無常迅速，那爲甚麼不直下去體悟無生無死的本體，了達無起無滅的本源而超越迅速的無常流轉呢？

禪師托出了本地風光：「體既無生，了本無速！」萬法的當體即是無生無死的真性，了達無起無滅的本源佛性，即是真常妙德。此際已經超越了相對世界，故絕無變滅流轉可言！

六祖見禪師一言中的，確已悟入禪門宗旨，深得佛祖心要，即點頭認可道：「如是！如是！」

禪師的寥寥幾句對話，便得到當時禪宗中威望最高、親傳佛祖衣鉢的六祖大師的印可，這一事件，無疑像一粒石子投進平靜的湖面，使座下大衆無不愕然，其中未能於言談之下，領悟作家相見時心心相印的妙趣者，故有驚愕與懷疑。

永嘉大師見大事已畢，於本份事上已了無一法可得，故不必留學於六祖座下，即以沙門威儀參禮六祖大師後，準備立即下山返回溫州。

六祖見一座大衆未能於言下回機、返照自己本來面目。爲使大衆深明禪旨，也爲了使天下人更能起信於永嘉禪師的悟證，所以又借機勘問道：「返何速乎？」你從溫州遠遠地趕來，又立刻要回去，爲甚麼這樣匆促呢？

禪師時時不離妙明真心，隨即應聲答道：「本自非動，豈有速耶？」真如本性，湛湛寂寂，本無來去動轉，那裏有來去匆匆之說？

六祖見禪師從體上回答，便從相待的知與境上來徵問：

「誰知非動？」是甚麼人知道沒有動呢？可見六祖想套出真知與妄知，從而判斷真悟與否。

「仁者自生分別！」禪師說，如果你在知與動的相待相上去理解，那祇是你自心所生的分別而已！

六祖聞言故意贊道：

「汝甚得無生之意！」你的回答已經證明了你已獲得無生意旨了。

「無生豈有意？」無生是真空湛寂不二之性，此中言語道斷，心行處滅，難道還有意旨可得？禪師深諳個中消息，不落圈套，故反而問道。

六祖是傳佛心印的禪學大家，決不會放過這關鍵的一環，故又徵問道：「無意誰當分別？」沒有意旨，那麼是誰在現前之境中而分別了知呢？

禪師則即體而用，妙機頓露：「分別亦非意！」

真空無生之體，離凡夫分別之意念，其性湛湛，但又不是木頭、石頭，不能活潑應用，它是湛湛寂寂，感而遂通的靈妙真心，雖隨機起用，分別一切，又不落情意，不隨境轉，是超情離見的。因此，無生無所不生，無知無所不知。證悟者已消融意識，返本妙明，故分別隨機而啓，自性不動，寂照不二。

禪師道出了自己所證悟的現量真境後，六祖見其悟證甚深，智光迸發，在一座大衆前由衷地贊歎道：「善哉！善哉！」

唐代的禪風是樸實的直指法，師弟在言談中便可一念回機，薦得自性，因此不用機鋒轉語。永嘉禪師在動與不動、分別與無分別、意與無意、生與無生等禪宗悟修關鍵問題上，一一流露出禪悟者的內心般若智光，不僅六祖爲之贊歎，千百年來的禪學者，閱讀了這段公案，也無不爲之深深歎服。

六祖以沙門的因緣情誼，挽留禪師在山中一宿。當晚，禪師從其悟證的心中，流出了一道千古不朽的〈證道歌〉。據歷史記載，當時曹溪附近許多人都看到了虛空中閃著〈證道歌〉的金字梵光。於是人們更加欽佩禪師的悟證與德行的高深，虔敬欽仰，尊號他爲「一宿覺」。

由此緣故，禪師便名聞遐邇，「學者輻輳」。禪的求學者蜂湧而來，聚集在溫州龍興寺永嘉禪宗道場，虔求禪的甘露來滋潤生命的心田。永嘉禪師以無限的悲心與宏深的願力，捨己利人，開始了禪法教導，接引衆生進入佛法的真實悟門，了脫無始的生死業緣，開發無盡的種智。

魏靜在《永嘉禪宗集．序》裏又這樣贊歎禪師悟後的狀況：

> 淺深心要，貫花漸潔，神徹言表，理契寰中。曲己推人，嘖凡同聖。則不起滅定，而秉護四儀。名垂當時，道扇方外。三吳碩學，輻輳禪階；八表高人，風趨理窟。

可見其影響極大，如新羅國宣法師，吳興的興法師，慶州刺史魏靜等皆拜學其下。

禪師弘揚禪法至唐先天二年十月十七日，因見所度機緣已盡，而於龍興寺別院端坐圓寂。

禪師圓寂後，從西山腳到寺的一里路上，擁擠著來送殯的弟子，「人物沸騰」，可見禪師道德威望深入人心。十一月十三日，禪師的真身殯於西山之陽。唐元和中永嘉郡守發墳視之，見遺體如故，便於溫州松臺山營造淨光塔，移真身於塔中。唐僖宗賜諡爲無相大師。明代溫州高僧逆川大師重修淨光塔，更顯莊嚴。到了清代雍正皇帝又敕封爲洞明妙智禪師。

永嘉禪師傳法弟子有：惠操、惠持、等慈、元寂等。他們結集了禪師生前上堂開示禪要爲《永嘉禪師法語》一卷。唐慶州刺史魏靜整理了禪師生前著作成《永嘉禪宗集》十卷，並爲作序，使之流傳至今。此書後來被譯爲梵文，由梵僧帶到印度，當時印度佛教尚盛，深歎永嘉禪師爲佛陀再世，並稱此書爲《東土大乘論》。

二、永嘉禪法述要

永嘉禪法分爲二部分：一是〈證道歌〉所述，屬頓法；一是《永嘉禪宗集》所述，屬漸法。就傳承法系來看，永嘉禪頓法是屬六祖的禪宗正脈，在〈證道歌〉中對於禪系有這樣的述及：

建法幢，立宗旨，明明佛敕曹溪是。第一迦葉首傳燈，二十八代西天記。法東流，入此土，菩提達摩爲初祖。六代傳衣天下聞，後入得道何窮數。

又自述得道的原委說：「自從認得曹溪路，了知生死不相關。」因此，永嘉禪法的根本禪系是曹溪一脈的。

永嘉禪漸法，據《禪宗永嘉集》的內容看，其主幹爲禪，其行布之法爲止觀，中間綴以禪師自己悟修的經驗，而側重點仍在天臺止觀的修法，這與禪師從止觀入道分不開。

永嘉禪頓法是極其圓妙的究極之道，它是「不除妄想不求真」的頓悟頓證的真現量境界，因此是「但得體，莫愁末」的「直截根源」之法。中下根器的行者，難以從頓法中入門，因為沒有具體的方法之故。

永嘉禪漸法，分爲十門的次第，步步都有具體的悟修方法，而其悟證仍可深達頓法中的一切真現量境界。因此宜於中下根器次第修學，可逐漸證悟甚深圓妙大道。

以下扼要地介紹永嘉禪法十門修證次第，使初心習禪者。略窺其中端倪。

禪師云：

第一門　慕道志儀

夫欲修道，先須立志，乃事師儀則，彰乎軌訓。故標第一慕道儀式。

此初門中，禪師列出觀三界、親善友、早晚問訊、審視乖適、問何所作、瞻仰無怠、數決心要、隨解呈簡、驗氣力、見病生疑、委的審思、日夜精勤務、專心一行、忘身爲法等十四種初入法門，依止明師的必遵儀式。

第二門　誡驕奢意

禪師云：

初雖立志修道，善識軌儀，若三業驕奢，妄心擾動，何能得定？故次第二，明誡驕奢意。

此門中禪師誡勉行者應珍惜衣食，思其來處不易；不貪戀五欲，須一心求道，為法忘軀。並誡勉道：

夫欲出超三界，未有絕塵之行；徒為男子之身，而無丈夫之志。但以終朝擾擾，竟夜昏昏；道德未修，衣食斯費；上乖弘道，下闕利生，中負四恩，誠以為恥！故智人思之，寧有法死，不無法生，徒自迷癡，貴身賤法耳！

第三門　淨修三業

禪師云：

前戒驕奢，略標綱要，今仔細檢責，令麤過不生，故次第三，明淨修三業，戒乎身、口、意也。

此門是述淨修三業十善之行，即戒律在四威儀及六根所對中的具體化與細緻化，同時也是定慧學修的初步方便入門處。是奢摩他正修法的基礎。

㈠、淨修身業

1、不殺害一切生命而殷勤拔濟，方便救度一切生靈。

2、不偷盜而布施，令一切衆生獲得安穩。

3、不邪淫而觀不淨、觀苦報，常修梵行。

在修身業時還應：「日夜精勤，行道禮拜。知身虛幻，無有自性。色即是空，誰是我者？」修析空了達無我，使「不以惡求，而養身命」，並應：「節身儉口，不生奢泰，聞說少欲，深樂修行。」這樣淨修身業之行，便是入賢聖之道。

㈡、淨修口業

1、以正直語除綺語：行稱法說與稱理說。
2、以柔軟語除惡口：行安慰語與宮商清雅語。
3、以和合語除兩舌：行事和合語與理和合語。
4、以如實語除妄語：行事實語與理實語。

禪師述觀修法云：

善是助道之緣，惡是敗道之本。是故智者，要心扶正，實語自立。誦經念佛，觀語實相。言無所存，語默平等。

㈢、淨修意業

這即是正修的方便。先須了知善惡之源，皆從心起。無明妄想執我之心爲邪念根本，「是故智者，制而不隨。」次修正觀之法，禪師云：「云何正觀？彼我無差，色心不二。菩提煩惱，本性非殊。生死涅槃，平等一照。……當知諸法，但有名字。……何以故？法不自名，假名詮法。法即非法，名亦非名。名不當法，法不當名，名法無當，一切空寂。」由此觀照，當證達絕相離名，心言路絕的寂滅之境時，便無明頓斷，心源即恢復本淨。

第四門　奢摩他頌

禪師說：

前已檢責身口，令麤過不生，次須入門修道漸次，不出定慧五種起心，六種料簡。故次第四明奢摩他頌也。

此門即天臺止觀法中的體真止法。根性較好者，可以在即心無心，即知離知的寂寂惺惺中，悟入真空妙性。如不然就須依次第悟入的方便，五種起心，即故起、串習、接續、別生、即靜的五種心念。前四種是病，後一種是藥，以藥治病，病去藥亡，五念便一時停息，即名一念相應。一念相應一念佛，真空靈知之性自然現前。所謂六種料簡，即是在一念相應之時，要勘驗是否真實，故須識病、識藥，識對治、識過生、識是非、識正助。以此六種料簡，不使禪心落於偏邪，未悟謂悟，未證謂證。

第五門　毗婆舍那頌

禪師云：

非戒不禪，非禪不慧。上即修定，定久慧明。故次第五，明毗婆舍那頌也。

此門即從上門的真空性定上，進一層修於觀慧，以照緣生，使在智境中了達無縛無著，從而證得境空、智空的二種智慧，成就般若無知而無所不知的真實妙用。這門觀修之法，與天臺宗的假觀相類似。

第六門　優畢叉頌

禪師說：

偏修於定，定久則沈；偏學於慧，慧多心動。故次第六，明優畢叉頌，等於定慧，令不沈動，使定慧均等，捨於二邊。

此門述即照即寂，非照非寂的中道正觀之法，以定慧均等，圓成無緣大慈爲妙極，是永嘉禪法中的精髓所在。觀心之法分爲十門，茲簡述如下：

㈠、法爾門——三諦一境，三智一心，智境冥合，三德宛然。即心爲道，尋流得源。

㈡、觀體門——一念即空、不空、非空非不空爲觀心之體。

㈢、相應門——

1、心與空相應，則譏毀贊譽，何憂何喜？

2、身與空相應，則刀割香塗，何苦何樂？
3、依報與空相應，則施與劫奪，何得何失？
4、心與空不空相應，則愛見都忘，慈悲喜濟。
5、身與空不空相應，則內同枯木，外現威儀。
6、依報與空不空相應，則永絕貪求，資財給濟。
7、心與空不空、非空非不空相應，則實相初明，開佛知見。
8、身與空不空、非空非不空相應，則一塵入正受，諸塵三昧起。
9、依報與空不空、非空非不空相應，則香臺寶閣，嚴土化生。

這三個層次，九種境界，正是修道者獲得相應的不同的實證境界。

㈣、警上慢門——若與以上九相應境不符合，則說明全未相應。

㈤、誡疏怠門——修心必須入觀，非觀無心明心；心尚未明，相應何日？勿自恃！

㈥、重出觀體門——祇知一念即空不空，非有非無；不知即念即空不空，非非有，非非無。

㈦、明是非門——破滯於是非的迷惑心，以「心不是有，心不是無，心不非有，心不非無」的四句，來輾轉破斥滯於「是」與「非」的執心。

㈧、簡詮旨門——合於宗、明於旨，則言觀不存，不立文字，不著現行。

㈨、觸途成觀門——方便立言與隨機起觀，不妨礙中道理性與真實妙觀，所以內外典籍，有情無情，無非佛法妙道。

㈩、妙契玄源——悟心之時，不滯於言觀，照理會旨則言語道斷，心行處滅，入不思議的如來藏心之妙源。

第七門　三乘漸次

禪師云：

> 定慧既均，則寂而常照，三觀一心，何疑而不遣？何照而不圓？自解雖明，悲他未悟。悟有深淺，故次第七，明三乘漸次也。

此門是述悟道者，以無作妙用，與無緣大慈，隨機起應，順物忘懷，方便施設三乘教理行果，濟度上、中、下三種根性。

第八門　理事不二

禪師云：

三乘悟理，理無不窮。窮理在事，了事即理。故次第八，明事理不二，即事而真，用祛倒見也。

此門爲融通事理，使修學者不執理廢事、迷名滯相。指出：「萬法本源，由來實相；塵沙惑趣，原是真宗。故物象無邊，般若無際者，以其法性本真，了達成智故也！」所謂「事理不二，迷悟有異」。迷惑者，認爲實有形聲；開悟者，則知萬物閴寂。因此，真諦不相背於事理，事理的本性就是真諦，妙智不異於現前了知之心，即了知的本性元（原）是妙智。

第九門　勸友人書

禪師云：

事理既融，內心自瑩。復悲遠學，虛擲寸陰。故次第九，明勸友人書也。

此門是左溪玄朗來信招永嘉大師居深山修道。大師覆信指出：未悟道不宜居山，應先參明師，待悟入後方可居山深造，因為：「若未識道，而先居山者，但見其山，必忘其道。而先識道者，但見其道，必忘其山。忘山則道性怡神，忘道則山形眩目。」所以修行者所重視的是道，並非居處的幽寂與否。

是以見道忘山者，人間亦寂也；見山忘道者，山中乃喧也。必能了陰無我，無我誰住人間？若知陰入如空，空聚何殊山谷？如其三毒未祛，六塵尚擾，身心自相矛盾，何關人山之喧寂耶！

這的確是對貪求山居幽靜而不明佛道者的當頭棒喝。許多學道者，爲了追求環境的清靜，而滯於外相，鬧得身心不寧，反而失去了悟證的契機。

第十門　發願文

禪師云：

勸友雖是悲他，專心在一，情猶未普。故次第十，明發願文誓度一切也。

此門中，大師發願世世童貞出家，弘揚佛法，願以三寶之力方便救濟一切衆生的苦厄，度脫一切煩惱，普使成就佛道。

上述永嘉禪師漸法的十門次第，雖從淺至深，須按部就班地進修，但更應知漸中有頓，修學時處處融合圓頓妙旨，圓悟圓修，在次第而不著次第，方能符合永嘉禪的宗旨。

由於永嘉禪法頓漸並行的實修風格，其後影響臺、禪二宗極爲深遠。明代中興天臺宗的月亭大師及再傳弟子雁蕩山的正智禪師，就深受永嘉禪師的禪法影響，盛倡臺、禪一致的學說，從而扭轉了臺宗後世祇重講教不重實修的流弊；同時使禪者從文字、口頭之禪的頹風中，走向了真參實學。

緬懷古德　禪道重光

（紀念永嘉大師圓寂一二八四周年）

當我們共聚一堂，以極其尊敬的心情，來紀念這片甌越土地上共同的祖光、禪宗大德永嘉玄覺大師時，我們此時此刻的內心智光，也必將在古德走過的禪悟之道上，引發出深切的追思與無尚的正願來實踐於人性的回歸。儘管大道無形，真智無知，但那禪世界的靈妙之光，卻永在於生命的最低層而閃現出本源的活力，真實的生命創造力，也就在本來面目的原態中，呈現爲法爾的實相。

一千兩百多年流逝於歷史的長河中，然而禪道的真諦，以及由之而折射出的人性妙德之光，依舊潤澤於我們這些尋找道之路的心念間，使得那畢竟渺茫而難以企盼的妙道有了理路與行法，於是依古德之路去做一番努力的探索，就成了我們這一代的責任，覺他必也自覺，衹有經過徹底洗滌而脫盡塵累的無爲妙心，纔能於平常處圓顯爲奇特的無邊妙用！

永嘉大師所處的時代，正是佛教文化發展到鼎盛的時期，此時通過舊、新二譯，印度的佛典已基本上被東土論師所吸收與發揮，並在此基礎上成立了佛教大乘八大宗派，各弘一方，可謂高僧輩出，法行天下。因爲溫州毗鄰天臺，所以受天臺宗影響特別顯著，大師於孩提時即出家爲僧，「遍探三藏，精天臺止觀」，曾師從天臺七祖全真大師，並與八祖左溪玄朗結爲同門好友，因而研學佛法、圓解教觀，爲第一時期；此後結茅於山巒，專修止觀，因閱《維摩詰經》而開悟，爲第二時期；以天臺止觀悟證的成就，印證於廣東曹溪六祖大師的座下，而得佛祖正脈傳承，爲第三時期；回溫後大弘禪道，「江浙輻湊」，影響深遠，爲第四時期。

天臺宗的教觀性修，在於以了達佛祖言教、圓解妙諦，而導歸於一心三觀的圓智覺照，從而破三惑、證三智、成三德，於是圓滿實相中道的妙明真性，可謂如來禪最完備的信解修證系統。而六祖大師所傳，全由心性本源所自出，不假名言，不立次第，直指當人本心，當下了脫塵勞而契悟自性。因此既無固定的理論，也無行持的系統，乃是禪師靈妙的智慧直下敲打行人的心地，使之證入妙明心體的，這是祖師禪的風格。

永嘉大師的禪道，正是融天臺止觀禪與六祖祖師禪風格於一爐，而創立了既有方便觀修，又具直下悟證的禪法，《永嘉禪宗集》集中體現了大師的止觀禪的理論與行法，而〈證道歌〉則爲直接超入的祖師禪。這種合璧的禪法，更能適合早有天臺教觀基礎的吳越行人，這正是永嘉禪在當時弘揚傳播的原因，在佛教史上，是值得一書的，也正是這種特殊風格的禪法的微妙處。所以當譯傳到印度時，即受到「東土大乘論」的贊歎。

現代人在錯綜複雜的社會裏，又如何去修習體悟永嘉禪呢？這正是我們今天要紀念永嘉大師的真正目的，紀念古德是要發揚他的精神以利益當代的衆生。而現代人之所以需要禪的修養，乃是因爲在現代社會裏，愈來愈執著的功利思想與各種的壓抑與困惑，使得人們身心俱悴，所以在極端的、內在的反抗中，不得不尋找回歸之路，期望於人性本源的醒悟，以超越掛累與不平衡。

基於這些原因與時代的需要，我把永嘉禪的大意介紹如下，使大家有個初步的認識與入門的方法。

一、前行基礎

皈依於十方先覺者與自心靈妙的覺知，進而皈依於正法而領解真理得入正行，並以清淨意樂導自身的一切行爲入於和合不二的聖賢之行。立基於皈依的起點再生發內在的宏誓大願，爲無上的禪道真實悟證及普遍地覺醒迷情而立身處世，不斷地修正見地，超越塵俗，改變業行，善解三乘，圓融事理，明徹偏圓之旨，由是依信解的資糧，而得入身心修養、淨除雜染，心歸一處，妙解勝義的加行。

二、正觀行法

永嘉禪心行的契入，即依前行爲基，而歸於一念之心的正觀，分爲奢摩他、毗婆舍那、優畢叉的三個層次。

㈠、奢摩他：初入時以無欲無求之心，觀照於當下一念，不執取任何境界與思想，而於法爾之念上、無心而觀、離觀用心，即大師所謂，「恰恰用心時，恰恰無心用，無心恰恰用，常用恰恰無」的體真空妄妙法，使人在動態的無住的觀照中，不知不覺地趨入心的靈妙之體而頓脫根塵，妙悟法性。

它可以分爲三個過程：

1、息念忘塵：以明了的覺知自然地休息妄念，不故起與接續妄念，也不住在自心的串習念上，內不隨念轉，外不隨境遷，久久便離內外的執取。

2、非對非知：因緣時節到來，頓脫相對的心境，頓了妄知的心念，當下體入空靈無知的狀態。

3、無寄天然：此時如不起分別之念，即永離生理與頭腦及妄境的綺執，全然無寄，天然自顯，靈妙之體了悟無惑，即所謂「寂寂歷歷的靈知」，直下證入。

(二)、毗鉢奢那：即以此靈妙之體而起智慧無著的朗照，面對一切差別境界一一透徹其相用，對無情有情的緣起因果亦一一了達洞明，於是有無雙照，中道無爲。

進而應一切機緣而無非道場，顯一切色像無非般若。妙觀至此，應用無虧矣！

㈢、優畢叉：智照到極處，明暗動靜等一切相對皆入平等性海，雖圓顯一切萬法，即不離湛寂妙性，雖常寂不動，而又隨緣妙顯，所謂「寂照不二，同體不二，與奪不二」。一切性相均無差、同宗而一體平等，此時十方圓明妙道大成，所謂不可思議之微妙化境也。

三、印證的道行

如果行人因修禪法而有所體悟，則應與道的真境相印證，否則即有偏邪之虞。如在路途上印證之法即在觀心十門中一一點示，若已徹證無生，圓明究竟，那麼即與〈證道歌〉相印證，必有「共語家裏話」的親切與真實的體悟。

真正的禪道無可言表，唯有善悟與真修者纔有可能跳出虛妄的世界、契證自家的寶藏。我們今天共同的發心，也正是爲了把禪燈撥亮，在照亮自己的同時，也照亮衆生的心，使得曾經輝煌於古代的禪道，也恢宏於現代社會中；通過講說、傳授、行持等一系列的實踐活動，達到真實的解脫境地與悟智的開化，於是已呈繁華新姿的這一方熟土，又將生發出無窮無盡菩提花果，精神文明、道德風氣，必然地因著禪道重現，而昇華社會大衆的意境，海印虛舟，惠澤永遠！

禪的障礙與消除方法

漫談修行中的自我轉化義

我們每一個佛弟子都以自我爲中心去弘揚佛陀聖教，無論是重視佛教法義的研究與闡揚，以求學術的發達與覺音的遍播，或是建立自我的真理實踐，求得真實的菩提道的修證體驗。這二種均是依佛陀精神，行菩薩之道，以智慧福德莊嚴自他，改造心身，圓滿人格。因此，在內證外弘上，首先是本著轉惡為善，轉迷為悟，轉識成智，轉煩惱成菩提的轉化義，祇有明確轉化含義，進行自我修持與弘揚佛法，纔有真實的價值！

我們學佛法有二層的轉化：先是通過學修，轉化自我的煩惱習氣，成爲一個初步的覺悟者；其次是以自我覺悟的智慧慈德，以慈悲濟世的精神去度化衆生，服務於社會。這一層是菩薩的自我轉化過程，就是先破我執，去煩惱障；第二層則是自我轉化到力量充足之後，有足夠的智慧慈悲去做轉化衆生的工作，也就是進破法執，去所知障，如果第一層的自我轉化無力，那麼就無力量去轉化衆生，甚至會被世情俗事所染污，被煩惱所覆蓋了。可見，我們要將佛陀精神灑遍人間，廣利有情，首先要使我們自身佛化，祇有我們自身佛化，纔有可能把佛陀教義活潑潑地付諸實施，使之成爲有真正生命力的聖潔之光，那麼，一切衆生也就可以在慈光之中深得其益了。

嚴格來說，佛弟子均是以自身的修證體驗來反證於佛陀的教義的，一旦轉化了麤劣的煩惱習氣，開顯了真實的智慧寶庫時，也就得到了如實的印證，此時整個生命也就體現了佛陀的精神。所以，在閱教時，也就是閱自心的寶藏；在弘法時——無論是身教、言教、意念的加持觀照，無一不是佛陀的智慧化身。這樣一個佛弟子的個體生命，也就完全融入了佛陀一真法界的全體生命之中。因此，個體生命的一舉一動，無一不是佛陀精神的再現。祇有如此，佛教纔富具生命力，佛弟子也纔算是一個合格的佛弟子，這樣，在緣會之中纔能完成發菩提心者當之無愧的責任。

我們要使自己成爲一個有智慧、有道德、有活力的真正佛弟子，當然要時時通過修行來轉化自我——要經常地修正身、口、意的三業，實行各種的道法，以此逐漸轉化積集深厚的無始無明習氣，恢復本來清淨的智慧光明。

由於修行的必要性，所以在佛教體系裏，就有戒、定、慧三無漏學的建立：以戒律來轉化一切毀犯之行；以禪定來轉散亂之意；以智慧來轉化愚癡之蔽，從而把自我生命轉換成清淨無染、寂然不動、智慧充滿的偉大人格的聖者。又因爲各人宿因不同，學處各異，所以歷代祖師便順應衆生之所好，方便建立禪、教、律、密、淨諸宗。法門雖有差別，而修行人可由一門通達一切門。因爲法門之設，無非使人「就路還家」，祇要在自己所站之處，認明路頭，一直行去，總有到家之一日。

轉化的規律大體上可略分爲三個層次：

一、轉相

也就是空境。如轉化自己不正確的染相、認識和雜念，轉化自己不善的行爲、利用莊嚴的道場、佛像以及通過觀想、持名等來轉化自己對事相上的染污。

二、轉性

也就是空心。境和心本來不二，但有麤細的不同。轉性即以般若智慧的無住法來轉化自心對事相的執著，打破業識的分別，悟入如如不動的本性光明，這如禪宗的開悟見性，教下的大開圓解等。

三、轉度

也就是空法與空空。悟心之後，融一切法入性，又於平等之性中，不發而發菩提心，以智慧慈悲之力去度化衆生。在度化時，不著我、人、衆生、壽者四相，坐水月道場，行空華佛事。起無住妙行。菩薩藉此妙行，以成就無上菩提。

以上的三層，是實修佛法者所要經歷的過程，看似難行，其實是最平常的，因爲「平常心就是道」。祇要你不站在原地眺望，而是能夠踏出最平常、最真實的一步，那麼，就有了這一步所經歷的體驗與利益。因此可以說，不契機的教義，不實際的境界，不合宜的條件，不是就路還家之法，都不算是善巧的修行。一切佛法均是平常的，一切的修行都是平常的。祇要你能根據實際情況去躬行實現，那麼，自我的轉化也必一日有一日的景象了！

由此可知，修行就是著重在自我目前的認識、處境、障礙等，作層層的轉化，使自我在每一剎那中都朝著好的方向轉變。不符合實際的追求，都會導致與道相違背的後果。弘法利生也同樣是如此，要使自他在狂心歇落處，徹見自性，共同轉向菩提大道！

六祖大師說：「若於轉處不留情，繁興永處那伽定。」「修行妙在轉」，不轉如何得成大道?謹祈一切佛弟子均能在不斷的轉化中，日日向上，處處道場，獲證無限的之生命之光！

初心修道中的四個障礙

我們發菩提心，上求下化，要經過相當一段時間的學修佛法，纔能成就佛果。在這修學佛道的過程中，初心學人，由於對佛法的理解不夠深入，沒有足夠的修道體驗，因此往往難以入門，停滯在相對境界上而無法證體啓用。在初心的許多障礙中，有四個障礙比較突出，即：任務觀點、執功德相、執著名相、執著儀規。由於在學法修法中，執著了以上四個方面，於是就不能離分別而悟證佛道，也就不可能從緣修——借法而修，進入真修——全性起修了。

一、任務觀點

把修法立爲功課後，每天祇是爲功課而用心，早晚課做好了，幾座法修完了，很高興。在功課中不知如何體證佛法，功課完了之後，也不知如何用心觀照。有時時間不夠，還爲完成任務而急急忙忙地趕完功課。久之，功課變成一種負擔，任務感壓制了學佛的輕鬆自在的內心受用，把虔誠、自願、歡喜、輕安、受用，變成苦惱被動的束縛，這是忘記了修法的本質在於修心，使心靈世界在修法中，不斷地再生與昇華，使清淨本質的佛性在忘機忘境中，逐漸地顯現其妙用。因此，修法應該是一件極愉快的事，如果參雜了任務觀點，那麼，法與心就不相應了，也就無法達到一心不亂，感應道交的目的。所以，學佛修法，不可以有任務觀點，但也不必廢除功課，而是在明白如何用心的前提下，活潑應用，心無掛礙，使內心處於一切放下，毫無負擔的狀態下進行，這樣就容易與之相應了。

二、執功德相

一般人都認爲修法有累計的功德，譬如誦經點圈，念佛積數或抖香爐，有的人把布施、弘法等好事，都認爲有了功德而記在心上，於是執著了功德相而不忘懷，障礙了修道的進步。其實真正的功德並不在事相上，也不在修法上，而是在修法之後，內心世界脫離了煩惱的一種清淨無染的狀態，也即是自己性德顯現的一種證悟，所以六祖說：「見性是功，平等是德。」如念佛持咒，把一切妄心都打下去，一念不生，了了分明，那麼，在這時，修法就有了真功德，因爲與佛相應，感應道交了。假如在修法或弘法中，執有功德之相，即是妄心分別，便有了能所、人我等知見，遮蓋了清淨的自性，無法與佛相應，工夫也就用不上，不可能進入一心不亂的狀態，因此成了修道成佛的大障礙。所以學佛的人不能執相忘性，把精進修道，廣利衆生的一切作用，放下來，不去執著，常常忘懷無住，使身心世界與佛果菩提融入一體。這樣，不求功德，而真正的功德自然顯前，道業方能日臻完善。

三、執著名相

佛教三藏經典、諸宗著作名相極多，如果學佛者不瞭解這些名相的意義和作用，一味地鑽牛角尖，這個字怎麼解，那句話是屬於那一系的，這樣子雖然學了很多，祇是佛學而不是真正的佛法，更不可能深入佛慧、證悟佛道。因為佛祖所說的一切語言文字，都不過是指引大眾進入佛之知見的種種方便，時間久了，方便積累多了，就形成了繁多的佛學系統與名相之學，而這些名相不過如指月之手一樣，不應該執手而忘月。因此不必在名相上分高分低，分是分非，分此分彼，而應該借名相入佛正見，得意忘言，聯繫修道的實際，把名相中的真義，真正悟解，並將一切佛法融歸自性，然後稱性起用，不妨借名相而廣宣教法，普利有情。假如我們不善於學，執著名相，忘了真義，雖然學了很多，積累了大量的佛學知識，也能講得天花亂墜，但卻無法明白佛法究竟是甚麼！更不可能契理契機，接引大眾，並入佛慧，內心依然煩惱重重，自相矛盾，臨終時，手忙腳亂，無法得到佛法的真實受用。

佛法本無需多文多字、多言多語，文字衹是借以入道的敲門磚，故真正理解後，即應「離名字相」、「語言道斷」，如果要體入大道，還須更進一步地「離心行相」、「心行處滅」，把攀緣的妄心統統放下，放下也放下，一切無住，一絲不掛，這樣，內心光明的智慧自能顯現，佛法於心頓具，不從外得，那麼，無比清淨、自在的受用，當下即是！

四、執著儀規

佛教行法中，爲了接引修道人容易進入清淨境界，故設立了很多的儀規，如叢林裏的早晚殿、禪宗的禪堂、密宗的壇場，淨土宗的念佛會與打七等，都有一定的儀規程式。有的人不明白儀規的作用，而有執著心，香一定要這麼燒，蠟燭一定要這麼點，供養一定要這麼安排等等。本來儀規在修法中的作用是攝心的，譬如我們進入莊嚴的道場，心裏油然起敬，因爲有了尊敬心，妄念就不起，把塵勞煩惱一放，身心輕鬆，一心在這樣的環境下修心，就容易相應。假如執著了，就會在差別的事相上起分別心，挑起了千斤重擔，這樣如何能感受微妙的空靈之境呢？因此，所有的儀規祇是修道的方便，修道的真功德並不在儀規的本身如何，莊嚴祇是借境修心罷了；要是執著儀規，就會被儀規所縛，便不能離執入道。所以我們在儀規中修法時，不住儀規相，即相離相，一心安住離執正念，這樣，就可借儀規修法而入道了！

爲甚麼初心學佛者有以上的四種執著？爲甚麼能夠障礙入道？根本的原因就是沒有般若智慧，對佛法真實義不理解，於是住著於修道的方便與過程，而不能借法證真。無論修甚麼宗的人，如果真正領悟了中道佛法，以佛知見而爲知見，時時迴光返照，證得本來，對於一切事物、一切法門、一切行爲都不住著，所謂「空靈無住，妙用無窮」，如是在修道中，超越了四個障礙，心地清涼而自在，故能在運用諸法時，如鏡子照物，如寒潭臨月，身心不動，運用無窮；能夠做一切修道行法之事，而不住於相，儘管斷惑證真、證體啓用、而無修無證、不留痕迹。如此用功，便是般若智慧現前真修佛法的時節，與著相求法相比，何啻天淵之別，日劫相倍呢！

如何排除禪悟之障

禪門行人以其對禪世界的特殊感受與親切觸動，在那剛剛敞開的靈知閃光當中，開始了人生最真實的追求——通向無上覺智的圓滿實證，與自性光明的無限妙顯。於是他透過禪文字，在那略凝識心中，影現了真如實相的另一層面目，雖似是而非，卻使真實的再現有了確然的希望，在切近靈知的根部，信心便鼓蕩萌發，強烈的開悟證道之欲，時時處處都由思惟點的積聚而力量日充。百城煙水，履遠就近地參學知識，猶如在深深的信心上張一帆願船，乘般若之風，尋無價之寶。有時平靜如鏡，千里無波；有時濤聲如雷，萬里昏暗。瞎師明眼，真真假假，多少次在心裏揀擇分別，多少次在境風中轉來轉去，久久、久久，方拈出言句的分量，纔勘出行履的虛實。如是，總算真正了知了這「從外得來總非真」的名言。道在目前，悟證在心的正解突發而至，不再依倚，無所顧慮，一心參究，時時不離。生活總是禪，禪就是生活，二六時中，欲與祖師把手共行，動靜境裏常在般若光裏照應。千真萬確的人生大道由此而展開了！

儘管如此，許多不得意者，仍然是霧裏看花，空中捉影，衹能在識量法塵的一邊似幻似真地認知了「禪」，還有禪的理性知解，禪的身心化轉，禪的行法抉擇，禪的深入妙要，禪的悟後保任等等問題，仍舊覆蓋在禪人的心頭，未能真正一把掀翻，徹底無礙，故近年來不少學者來信、來訪，紛呈己解，述諸障礙，不得已衹好曲示一、二，在無可言說中，方便闡述其中難透之關，以袪行人的心中之疑滯，使真正趣向禪悟而圓證也。

一、如何排除知解分別障

問：由於某種機遇，我開始閱讀禪文字，並從中找到了從未找到的東西——生命的真義，於是徹底改變了對世界的看法，覺得生活充滿了意義，煩惱也逐漸減少。但是我覺得這種對禪的認同仍屬於觀念的作用，雖然有時感到道就在目前，卻無法把握，而且隨著歲月的流逝，對禪的新鮮感也慢慢減退。我多麼希望永恆地體證禪，使生命常放光輝。請問如何纔能從理念的知而進入無念的體證？

答：一般禪人在學禪之初，總是先通過禪文字的熏陶而啓開心扉的，這是我們從世俗顛倒的執見中開始轉向入道正見的關鍵一環，沒有這一步，就不知禪是何物、法爲何義了，也就不可能達到真正明心見性的目的。但是禪人在理解禪文字以及參學所得理性之知上，也有三種不同：

㈠、在學禪過程中，祇是依文解義，心靈絲毫沒有共鳴感，而且所理解的禪義，也僅爲知識性的，全是空洞的沒有實際性含義的概念、名詞。像這樣人學禪不能得到利益，也即屬於沒有智慧的一類，因此無法深入進修。

㈡、雖然在學禪中略有親切感，心靈也常有敞開的安詳感，但是心念常隨著閱讀不同的禪文字而有變化，遇到不同善知識的教導也時時易其心境，不能融通一切禪文字的內涵，因此沒有禪的整體感與一元觀。這類人雖有見地，總是因爲觀照力不夠，識見有限，且爲知解所縛，故雖可深入，但路途障礙頗多，必須努力聞思，方可透出文字。

㈢、正如來信所述的情況，對禪的理解極爲深刻，整體感與圓融性亦已於一念心中明確現前，知見純正，精神安詳，但仍是知解分別所託顯的理念，在教下屬於文字般若的階段，宗門則爲解悟的範圍，故其力量不能持久，必須打破知解分別之心，明悟本來，方具保任之功。

禪人解得禪理，並以此觀念去指導人生實踐，身心也定然得到相當的受用，但要證悟佛性，就應破見、離知與實悟。

達摩祖師在《血脈論》中破見云：

性即是心，心即是佛，佛即是道，道即是禪。禪之一字非凡聖所測。又云，見本性爲禪，若不見本性，即非禪也。假使說得千經萬論，若不見性，祇是凡夫，非是佛法，至道幽深，不可話會，典教憑何所及！但見本性，一字不識亦得。見性即是佛，聖體本來清淨，無有雜穢。所有言說，皆是聖人從心起用，用體本來空，名言猶不及，十二部經憑何得及！

由此處所得之知，並非真知，聖人因爲直證本體，清淨湛然，故能隨機啓教，方便爲人。而我們從佛祖言教指示中，領會禪的根本精神，祇要爲了知見處非真，脫出見縛，則當下便顯真見性。因爲此見之體，本來清淨，與諸聖人也無二般故。

其次，如果依解生知，處處不離觀念作用，那麼就成了宗門所謂的知解宗徒了。《六祖壇經》中有這麼一段因緣：

六祖大師開示大眾說：

「吾有一物，無名無字，無背無面，諸人還識否？」

神會一聽此話，知道是指佛性，便以知解之心立即出來答道：

「是諸佛之本源，神會之佛性。」

這樣的回答在禪理上何嘗錯誤，但道理是道理，雖然明白所指，而於本性份上，仍是懵然不知，未能離知證取。故六祖大師即訶斥道：

「向汝道無名無字，汝便喚爲本源佛性，汝向去有把草蓋頭，也祇成個知解宗徒！」

本然的佛性，祇有在親切契會之時纔是真實的、現成的，如果未透過名相，落在知解上去領會佛性本源的某種含義與界別，然後以此去觀照人生，仍舊是個識心分別取心取相的迷人，所以六祖大師訶斥爲「知解宗徒」。

對這一層意義，黃檗祖師講得極爲精僻透徹：

我此禪宗，從上相承已來，不曾教人求知求解。古人心利，纔聞一言，便乃絕學。所以喚作絕學無爲閑道人。今時人祇欲得多知多解，廣求文義，喚作修行。不知多知多解，翻成壅塞。唯知多與兒酥乳吃，消與不消都總不知。三乘學道人，皆是此樣，盡名食不消者，所謂知解不消，皆爲毒藥，盡向生滅中取。真如之中，都無此事，故云：「我王庫內無如是刀。」從前一切解處，盡並卻令空，更無分別，即是空如來藏。如來藏者，更無纖塵可有，即是破有法王出現世間，亦云：「我於燃燈佛所，無少法可得。」此語祇爲空你情量知解，但銷熔表裏情盡，都無依執，是無事人。

三乘教綱，祇是應機之藥，隨宜所說，臨時施設，各各不同。但能了知即不被惑。第一不得於一機一教守文作解。何以如此？實無有定法如來可說。我此宗門不論此事，但知息心即休，更不用思前慮後。

由上可知，禪人了知禪理之後，須直會心源，消泯知解，不可在禪文字上去分別取捨，徒耗精神。

最後，如何纔能真正地透出理念而直達無念之境？如果真有向上的決心，就應放下一切分別之心，把所有的觀念作用去掉，使心無所繫、念無所著，既要死盡世間的情想，也須揚棄出世間的願求，隨緣度日，心空無住，如此久久，自能泯絕情見，消亡諸障而得開悟見性了。

唐末時期的香嚴智閑禪師原是百丈的弟子，因爲識性聰明，故於名相文字之學博學悟知，著在意解上而不能轉身，所以到百丈大師圓寂時，仍未悟道。後來他轉參溈山祖師。

溈山問智閑：

「我聽說你在百丈先師那裏，問一答十，問十答百。可這是你的聰明靈利，意解識想，乃是生死根本。你能否在父母未生時，試道一句看？」

智閑經潙山如此直截了當地一逼問，心裏很是茫然。回到寮房查閱了所有的經論也找不到一句有關「父母未生時」的現成答案，於是內心深深地感歎說：「畫餅不能充饑！」

雖然如此，他仍希望能輕鬆地解開這一句話的真實含義，所以多次請求潙山祖師對他說破「父母未生時」的那一段光景，而潙山祖師乃大手眼宗師，這關鍵的一環那能輕易放過？所以爲打破他的知解之縛開示他說：

「我如果把這句話的背後面目對你說透了，你以後落在知解上不得開悟，就要我潙山不善巧指點你了。另外，我說的也祇是我的悟道，與你自己一點也不相干呀！」

智閑聽後，一氣之下，便把平時的經典文字付諸一炬，然後毫無顧惜地跑到山上去過粥飯僧的消閑無爲的生活去了。

如此日復一日，無心無欲，妄念漸歇，真照自然地流露現前。一天因爲做著除草的農事，忽然鋤著一塊瓦礫，隨手不經意地一丟，恰好把瓦礫擊在一根竹子上，這突發而來的「啪」的一聲，猝斷暴折地打開了久久封閉的業識玄關，能所頓盡，自性現前。在遙禮溈山祖師以不忘指示之恩後，頌出了衹有如今方能頌出的開悟之偈：

一擊亡所知，更不假修持。
動容揚古路，不墮悄然機。
處處無蹤迹，聲色外威儀。
諸方達到者，咸言上上機。

在後來上堂開示寺，又唱出了智慧絕倫的禪悟名言：

道在悟達，不在語言。況是密密堂堂，曾無間隔，不勞心意，暫借迴光。日用全功，迷徒自背！

從這一則智閑開悟的公案裏，我們可以領悟到禪悟是怎樣一個過程了。這一過程概括起來，無非是在對禪有了完整的領會與真實的信心之後，再把知解之心去掉，使觀念落空，此時就能體現禪的離知真修，如果能一直深入下去，到了某一因緣時節，就能猝地斷、暴地折，真如佛性的本來面目，就突現目前而親切證知了。

二、如何排除身心偏執障

問：在佛教的經典論著裏，尤其是在現代的闡述佛法的文章裏，對於身心問題側重面各不相同，有的甚至相互矛盾。所以當涉及到禪人具體的修持時，往往難以分疏抉擇，以致產生偏執而不得證悟。譬如一種觀點說：要想開悟見性，首先要重視氣脈明點的修持，待身法成就，氣脈打通之後，纔能夠見本性證三昧。第二種觀點則認爲：修禪主要應照在心念上，迷是此心，悟也是此心，所以必須在心念上做工夫，使一切煩惱妄念全部脫落，方能頓悟本性，此中修證與身體全然無關，因此儘管身體羸瘦，也不礙於禪悟。最後第三種觀點則調和二說，認爲身心不可偏修，均應調攝如法，使身心皆安，道意即生。所以身心是相互依賴而不可分的，身安則心自寧，心空而身亦自忘。故初心辦道，先要調攝身心，使之趨向於最佳狀態，待到身心平衡無偏無依之際，於空靈無寄處一轉，頓離一切情識，當下即見佛性了。

對於這三種觀點，雖然經反省思考，總覺得都有道理，故難以決定依那一種觀點進修爲妙？是否可以取其中的一種進修，或者三種全然不同直心進道？

答：佛教一切諸法均是應機而施的方便，並無一個決定不變的實法，所以對於身心的問題的各種認識，也是在不得已中的權巧立旨，使各種根器的行人有一個暫時依賴進步的柺杖。如就禪的空靈無住之旨，則身心二見均爲妄見，祇有打殺殆盡，方能徹底掀翻，完全脫落。

爲了使禪門行人對身心問題有一正確的認識，以下分爲四層來顯明其義：

㈠、古印度的瑜伽功，中國道教的功法，佛教密乘中的修身脈法，以及盛行於當代的各類健身氣功，都偏重於身體方面的修鍊。這是因爲人類普遍有執著身體的習性，希望身體能健康長壽，時時稱心如意，由此觀點的延續，不少人竟把大道的基礎放在身體上，認爲祇有改變身體的某些狀態，打通了某些氣脈就能得禪定、證三昧、成大道。其實身體修得最好，也祇得個色界天的果報，根本無法了生死、證大道。因此就禪宗而言，身體的狀態如何，根本無關宏旨。反之，如果執身而修，則永遠不得悟道成佛，因爲道是本來的，禪是永恆的一元的本然之性，故絕對不需借助身體的氣脈的修鍊而達成道的悟證。我們不妨看馬祖悟道的因緣：

五祖道一在南嶽衡山上常常打坐用功，因爲執著身體的功熏修爲，所以不得悟入。南嶽懷讓知道他是個法器，就去點化他道：

「大德坐禪圖個甚麼？」

「圖作佛。」祇想在身體的靜修中成就佛道。

南嶽懷讓一聽，便知他落在身體的功熏上，就拿了一塊磚頭在地上磨，於是那一陣陣咔嚓、咔嚓的響聲吵得馬祖不耐煩起來，就問南嶽說：

「你磨磚頭作甚麼？」

「做鏡子。」磚頭作鏡子，千古未聞。道一不禁奇怪地問道：

「磚頭怎能磨成鏡子呢？」引出了這一句疑問，南嶽就有了點化他的機會了：

「磨磚既然不能成鏡子，那麼打坐用功又怎能成佛呢？」

「那麼，怎樣修行纔能成佛呢？」

這一句份量不輕的話，剛好擊在馬祖的病根上，使他不得不請教說：

南嶽到了此時就直接指示他說：「如牛駕車，車若不行，打車即是？打牛即是？」

車子譬喻身體，牛指我們的佛性，你要想成佛，如果祇知在車子上打——祇把身體拘在那裏用功，落在身體的有為功熏上，怎麼能成佛呢？反之，如果了知修行的關鍵乃在心性，即把牛鞭子打在牛上，那車子不就跑得快了嗎？道業不就成就了嗎？

馬祖在南嶽的指點下，忽然契入，親見本性。究其要妙，就在那離棄身執後的直心無住的返照，於一念迴光之際，頓悟大道。

後來，馬祖大師身體有了疾病，院主過來問候他近日身體怎麼樣，他答道：「日面佛，月面佛！」就這一句：「日面佛，月面佛！」道出了真正了悟的禪師對於身體的無住與透脫。因為無論身體有疾病也好，無疾病也好，總是佛性的妙用，白天是佛，晚上也是佛。而有人看到這則公案就奇怪地說：「一個開悟的禪師怎麼還有病呢？」不僅禪師有，連釋迦如來在印度示現時，也常常有疾病之相，維摩居士也有示疾度人之舉。因此病是過去的宿障，未了人病是實病，有痛苦、有煩惱，實執不放，而了悟之人，則是虛病，即了知即病本空，無住無著，再也沒有痛苦之受。所以開悟的禪師對於過去之造業知為夢中之事，對於現在的病報也知為幻化假相。因此，儘管身體上有了疾病，仍舊如佛一般，時時刻刻都是自性空淨的妙用，絕無病苦可言。

由此可知，學禪修道不能住在身體上要求殊勝、奇特，愈是在身體上打算圖個好處的人，決定會導致心神顛倒，魔障紛起。因爲：

1、聽說身體氣脈未通，絕無禪定可言，則觀自己多年修持參究，全然無用，即悔恨自己不得法要，不明氣脈修鍊之功，心念妄動矣！

2、看看其他禪師雖見地卓越，而氣脈通相仍不見呈現，即生不信任之感，認爲徒是虛名，而無實行；而見一些氣功師與外道行者，氣脈充盈，臉色紅潤，則認爲必得道妙，於是分別之心競起，知見顛倒矣！

3、因未得身輪光明，故時時欲求一種速成的修身法，見師即拜，遇法即求，心向外馳，神復何寧？法之多交，身將何安？久之，身體反而愈趨衰弱矣！

4、如此執身戀境，著法住心，既不得身心安寧入道，又不能即事圓理，不僅不進於道，反而隨年齡的增長而退轉，於是喟然感曰：「佛法修證真難矣，今生無份矣！」自此蹉過悟道之機，多年來的熏修，前功盡棄，可悲哉！

㈡、心本無心，如果滯於妄心而修禪，則定將靈妙真心的活潑圓明修死了。因爲錯解了唯心唯識之旨，執著實有一個心可修，實有煩惱可斷，並認爲一切妄念都要不起方的悟道。所以死在妄心上落於偏執之道，如果真能把妄心修空，也祇得個無色界天的果報，仍未跳出識蘊之外。

《六祖壇經》中的臥輪禪師就是偏執死修妄心的一例，他把心壓死後，認爲自己很有道力，就呈了一首偈子說：

臥輪有伎倆，能斷百思想；
對境心不起，菩提日日長。

「有伎倆在」，豈非識心之執？斷了百思想，仍著能斷之心，佛性之智怎能顯現？「對境心不起」，豈非石頭、木頭？菩提是本然的覺智，豈是增長之法？因此臥輪禪師未得證悟。六祖大師就破其執而頌云：

惠能沒伎倆，不斷百思想；

對境心數起，菩提怎麼長？

沒有伎倆纔是真伎倆，全體是妙用，無處非道場，真心隨時而現，豈可斷耶？對境出入自在，一切無滯，起用頻矣，如此大道，本自現成，還有甚麼長不長呢？

佛在《金剛經》中指示說：「過去心不可得，現在心不可得，未來心不可得。」不可得之心，正是靈妙真心。如果執有心可修、可證、可得，便落在妄心上，不得自在。因此，祇有真正了達即心無心，無心無所不心之時，纔能無住生心，妙用無邊，時時處處都無染污之障礙，而超然之大道便無證無不證矣！

㈢、雖知身心本空，但仍未真正悟達空境，因爲身心還是相待的、二元的，故不妨借此身心的和合修持，以達悟證的目的。

這一種觀點即禪宗北漸神秀一派的行法，主張漸漸掃蕩煩惱習氣，久後必能契悟。所以神秀偈云：

身是菩提樹，心是明鏡臺；
時時勤拂拭，莫使惹塵埃！

「身是菩提樹」，不是指修氣脈、練氣功，而是指借身體而行善業。打坐用功沒有身體不行，而此身體衹不過是借來維持心觀的方便，故不是修身成道的觀點。下面「心是明鏡臺」，則指要使心念時時明淨，不起煩惱、不取於境、不執於法，處處了然無住。因爲未證大道本無之旨，所以還有煩惱可去，所以要「時時勤拂拭，莫使惹塵埃」了。

神秀的這種方法，可做爲未得意人的暫時方便，久久磨練也自有進步，但與禪旨來講，仍未完全脗合。

㈣、身心本來即空，不必通過修來證空。不落於修爲之見，無住無不住，一切皆不可得。以此直透身心的真心現量去觀照身心，則身心無非是自性的妙用，本來用不著修，也用不著證。因此六祖大師偈云：

菩提本無樹，明鏡亦非臺；
本來無一物，何處惹塵埃！

一切均無，連無也無，宇宙人生之萬法，無非是妙性天真的覺體，那裏還有甚麼菩提、明鏡？何處還有甚麼煩惱、塵埃？

因此，真正具禪的見地者，就應於六祖偈下會去，不必再在身心上分別取捨，祇要直達無心無不心之境，一切妙得自在顯露無遺矣！

三、如何抉擇禪法與善巧行持

問：對於禪的悟境以及悟道的禪師那種自在灑脫的爲人風格，的確令我神往不已，真心希望自己能早悟真性，開啓妙用，但是認識歸認識，行持是行持，理解所得的觀照力量總有限度，且時間一久便失去了鮮明感，在人生的實踐中又覺得仍舊迷惘煩憂了。而自己對於身心的抉擇，對於世間的認同，也同樣處在識心之相對二元中，不能獨契中道，妙悟寰中。因此，認爲光靠理解及依據識心來做爲人生的觀照，絕對無開悟之份，應當腳踏實地地去真參實修，方能打破業識，消泯諸妄，立證覺地。可是當要起行之時，又迷惘於禪的修法了，各禪師所倡導的禪法不僅各異，而且有時相互矛盾。有的雖然很要妙卻又難以起行。因此，請問應當如何抉擇禪法？初心行人可否經歷一個次第與善巧而入門？

答：關於抉擇禪法問題，對於初心行人的確是十分關鍵的，尤其是在禪師正眼之人極少的時期，學人往往是依文字進行修習，故通過識心去分別，抉擇行法，便無法確定自己所適宜之法，於是形成了今日修此法，明日又修他法，或者乾脆隨便一坐，不依任何一法地靜養片刻而就認爲行了。有的更因沒有智慧，往往在一行法中遇到問題而退怯不修，畏難而退了。因爲久久不見功效，不得深入，故時間一長，就認爲禪悟很難，不易進取，於是僅以禪的觀念做爲人生的指南，而不再發心求開悟見性了。

其實現代人對於禪法的修習，還是可以列出一條可行之路的。這一條禪修之路，古人走過，現代人不妨根據自己的根性與條件也依之而行，如能以智慧無住之旨而實踐，亦必有成就之日的。

可行性的禪法約略可分爲以下七種：

(一)、準提禪觀法

憨山大師云：

今有一等好高慕異的，聞參禪頓悟，就以上根自負，不要修行，恐落漸次。在古德機緣上，記幾則合頭語，稱口亂談，祇圖快便為機鋒，此等最可憐愍者。看來，若是真實發心怕生死的，不若持咒入門，以先用一片懇切心，故易得力耳。譚生福微，問在家修行之要，故示之以此。觀者，切莫作沒道理會，以道理誤人太多。故此法門，尤勝參柏樹子、乾屎橛也！

因為初心學禪之人，一是業識惑障未去，二是知解道理未空，所以如果立刻去參禪必然難以相應，一定要先把麤濁之業障消去，把道理解會之心空掉，方能真正契會。但在修準提法時，不可希求神通感應，一切無著，一心直持即可。在持咒中間，不必換咒換印、不須觀想，祇用根本一印，相續一咒，形成咒輪，執持不斷，即為禪觀正行，印咒結法可以參閱《顯密圓通成佛心要》。一般行者每天修兩座，每座一小時，連續修滿五百座就可以轉入月輪觀禪法。

(二)、月輪觀禪法

《大乘本生心地觀經・發菩提心品第十一》中述此觀法說：

爾時，文殊師利菩薩白佛言：「世尊！心無形相，亦無住處。凡夫行者，最初發心，依何等處？觀何等相？佛言：「善男子！凡夫所觀菩提心相，猶如清淨圓滿月輪，於胸臆上明朗而住。若欲速得不退轉者，在阿蘭若及空寂室，端身正念。結前如來金剛縛印（印為：左右十指，更互相叉。以左壓右，更相豎握，如縛著形，名金剛印）。冥目觀察臆中明月，作是思惟：是滿月輪，五十由旬，無垢明淨，內外澄澈，最極清涼。月即是心，心即是月。塵翳無染，妄想不生，能令衆生，身心清淨，大菩提心，堅固不退。

此法後來成爲龍樹菩薩傳示初心的方便禪觀。禪人在掃蕩麤識業障之後接著進修此法，在心中觀想圓明的月輪，開始時雖然不見。習之有恆，則於隱然間有實力支持，明照不昧，時間因緣一到，隨五塵的激發，心光乍明，即得悟道。悟後重修，終至圓明無礙，則佛性全露。達摩祖師指示慧可：「外息諸緣，內心無喘，心如牆壁，可以入道。」即是此意。在觀想時應當遠離意識，不作著想見，方符禪修妙旨，如欲加修咒法，可以依師傳授。

㈢、隨息禪觀法

不以任何作意地隨息出入，內不執身心，外不住境相，內外皆空，無所依倚，不生分別。因爲不作分別地任運而行，故久久妄盡真現，不期開悟，自得見性。如修月輪觀不得成就，可以轉修此法。不善觀相的人，也可以直接修於此法，如能隨順無住之理，於心空無繫之際，頓然契入妙性。現代禪宗一些門派，常用此法引導行人深入禪觀，得到悟時往往易於保任，以其定力深湛而心地較明澈也。

因爲不作任何之想，故非觀而觀，無禪而無不禪；不作階段想，不落功行見，不期入禪得道，無求開悟成佛，一切無想，正於一切無想無念之際，恆順息性常出常入，不動不搖，湛然一片，即此之時，便得悟心見性了。

㈣、直心觀心法

如修月輪觀、隨息法未能悟道，則可棄相存心，直照觀前。此法近代劉洙源先生提倡頗力，可做為悟道的觀修方便。劉先生《佛法要領中編》述觀心云：

觀心之法，先要休心息念。須將六塵萬緣，一概放下，善事惡事，都不思量，過去未來，一概不想。直觀當下念頭，幢幢往來，起滅不停；勿執著他，勿隨逐他，勿斷除他。祇管細細靜看。妄念起時，一看不知去向，旋又復起，仍如是看；念若不起，祇看著。久久純熟，看到一念不生，即與般若相應。《發菩提心記》云：「妄心若起，知而勿隨，妄若息時，心源空寂，萬德斯具，妙用無窮。」心性之妙如是，吾人平日之不相應，是為妄想所遮，是無明心，無明何所依？依真如而起。觀無明心即是觀真如心，觀心性即是觀無明心，何以故？真如即是念之體，念即是真如之用故。觀而得定，即是真如三昧，為三昧之王，故名上定。

修此法還須注意：

1、事忙之人，每日必須坐一定，每次至少半小時，若能坐二、三次，每次一、二小時者方妙。愈多愈久則愈妙。坐時須要寬衣鬆帶，從容安詳，不宜當風、不宜飽飯，坐畢，搖動其身，微開口眼，兩手搓熱，撫摩面、目、腰、腿、足，休息片時，然後下座。

2、平時須將唯心之理，自心是佛，二空之義，諸法無性，常常思惟，以作預備。涵養省察，尤不可疏忽。當知世事如夢幻，人生若朝露，剎那無常，都是空忙。如能發起冷淡想、厭離想，最易合拍。以一念萬年修去，即是。

(五)、看話頭參究法

看話頭的參究方法，起源於宋初，盛行於明清，可爲禪人用慧力啓悟而闢門徑，確爲禪宗所獨特的修持方便。

如果行者宜於探究性地行持，不樂於默照寂修，則可直接修於此法。但此法也需要因緣，一是信心的確立；二是公案問題的引發。因爲看話頭首先要起疑情，即因禪公案中的某一問題，或某一句話激活了久埋心底的靈智，而迫切地，强烈地欲解開這一不屬於知性的問題——即真如佛性，本來面目等名詞背後的那一個實質，所以大慧禪師說：「把所疑一事來貼附汝眉間，個事是聖是凡？是有是無？推及此疑問，使其到窮極，不知推進至祇蕩蕩處，而勿生怖念。如怖念一起，窮其一念起處，是果空？不空？」因此可知看話頭具有提起、提撕、舉、提攝、參、參究、體究、工夫等的含義，即是把現前所疑放在眼前看，把心傾注其間而體究其義，運心去體驗它的真實一面。所以高峯原妙禪師說：

尋常教人做工夫看個「萬法歸一，一歸何處」的公案，看時須（需）要發大疑情，世間一切萬法總歸一法，一畢竟歸還在何處？向行住坐臥處，著衣喫飯處，屙屎放尿處，抖擻精神，急下手腳。但憑麼疑：畢業一歸何處？決定要討個分曉，不可拋在無事匣裏，不可胡思亂想，須（需）要綿綿密密，打成一片，直教如大病一般，喫飯不知飯味，喫茶不知茶味，如癡如呆，東西不辨，南北不分，工夫做到這裏，管取心花發明。

看話頭應專一而行，因此：

果欲了脫死生，先須發大信心，立弘誓願，若不打破所參公案，洞見父母未生前面目，斷微細現行生死，誓不放捨參話頭，遠離真善知識，貪逐名利。若故違此願，當墮惡道，發此大願，防備其心，方堪領受公案。

（秀善禪師語）

一旦擇定公案，則應如古音淨琴禪師所說：

凡作工夫，當離喧鬧，截斷衆緣，屏息雜念，單提本參話頭，至於行坐住臥，苦樂順逆，一切時中，不得忘失，念茲在茲，專心正意，切切思思，念念自究，返觀自己，這個能追能問底，是個甚麼？若能如是生疑，疑來疑去，疑到山窮水盡處，樹倒藤枯處，擬議不到處，心忘境絕處，忽然疑團迸散，心花朗發，大悟現前。

所看的話頭有很多，如「念佛是誰」？「狗子無佛性」，「父母未生前本來面目」，「祖師西來意」，「醒時夢時的主人公」等等。如果某一則公案的話頭能激發內心探知的欲求，強烈地要想洞見這些句子裏面的真實面目，而產生了熱烈不斷的凝思內觀，久而久之，門戶自然洞開而徹悟本性了。

㈦、心密見性法

此法是以密證禪的殊勝方便，尤其適宜於有禪的根性而自力無法打開的禪人。因爲在禪的觀智下借六印一咒的行持，久久惑盡心空，立證無生，所以此法在現代社會中，大有助於禪人的真修實證，而近年來因修心密見性者也日漸增多。祇是此法必賴師傳，方有實效，故得法與否全在因緣。

㈧、直心無住法

此法全在悟入，不在於修與不修，因此是上根人的無住正行。此類人祇要有明師指點，契會真心，不必再修以上六種禪法，祇在平常心中，任運而去即是道妙，所以不管一切，直以絕對之心而行。瑩山國師曾述此種行法云：「上根坐禪者，不覺諸佛出世之事，不悟佛祖不傳之妙，饑來喫飯，困來打眠。非指萬象森羅以爲自己，覺不覺俱不存，任運堂堂，衹麼正坐。雖然如是，於諸法不分異，萬法不昧矣！」祇是不昧，正契佛智，亦正是真修也。

以上所述七法，是目前可修可學的基本禪法，我們可以分爲四種情況來抉擇修持：

1、按部就班法

按照禪法的麤細次第，與修持的層級的需要，而進行逐漸向上進修的方法。如：

(1)、先修準提法，修至五百座時，感到身心輕快，無一切不適感爲止。
(2)、續修月輪觀法，修至觀力堅固，定力不動爲止。
(3)、續修隨息禪觀法，修至內外空明，無有妄相爲止。
(4)、修直觀心地法，修至智慧明朗，覺照不昧爲止。
(5)、瀏覽公案發現未透之言句而起參，直參至透徹無疑爲止。
(6)、如已真實透徹，即可放手空行，隨緣自在，如果仍未透徹無礙，則可續修心密，以期真正大徹朗然，妄盡真明。

(7)、心地了然，平直無住，正入無修之妙修，終日不離這個，處處道場矣！

2、試修驗心法

在前五種法中，可以一一次第修持三、五天，如果修在某一法時，特別安心明朗，則適宜此法，而應專心修之，不再更改，直到開悟為止。如果中途碰到障礙，而自力更無力解決時，則可於試轉此五法中的一種，一一試修驗心，如果忽然內心增明，心境大異，則即可轉而修之，直至開悟。如果五種歷修多年均未能開悟，則應尋求心密，以冀最後進趣悟門。悟後可從心密轉處直心無住之行而成道。

3、智慧抉擇法

根據自己的習性與根器，以及對於法行的因緣而進行觀察，如不樂修密入禪的可以直修禪現。如不樂修觀想入禪的，可以直觀心性；再如不樂於觀心性相，可以看話頭而悟入。如果一切禪法都不樂用，也可以直觀無住，一切不留，便入法樂空靈妙性。通過如此抉擇麤細，就能發現自己在那一種禪行中較為宜妥了。

4、因緣攝入法

如果自身所處與某一明眼禪師特別投緣，則此乃師、弟因緣的具備，修法必能殊勝。因此，可以敬心尊重而師教，依師修學，自己完全不必用心抉擇、分別好壞，祇要一心遵師囑而修便可悟入。如果師父亦未明心，所指之法又不善巧，那又當別論，不能一味盲從了。

綜論以上四法抉擇之規律，一般地說，掃除現業流識的麤障，以〈準提咒〉爲好；攝境歸心堅固定力，以月輪觀爲佳；定其內外身心，應以隨息爲妙；而開智見本性，則以直觀心地爲自擊之要門；看話頭爲他擊之關鍵。如果種種法行都未能啓悟本性，則依心密而修，必得明悟現前。如果心體本淨，懶得修法之人，則依直心無住法爲顯真明體之大法，正符「參禪直參直，不用心意識」之旨。

法之相應與否，重點還在自己用智慧去抉擇選定，並在自己的體驗上去肯定下來，即可轉入直行無滯的階段，上路之後，義無反顧，一心正行，不再徘徊不決，疑惑重重了。唯有到家之後，方是休歇時節。因此行之又行，不斷地開拓邁進也。

四、如何排除禪行中的障礙

問：通過對禪法的擇定，禪之正行亦已確立。但雖專一而行，因未得正悟現前，路途之中難免在心、法、境上相互矛盾，無法開脫而入無住之三昧，故請問那些是禪行中的障礙？如何纔能排除？

答：禪行之障，因人而異，本無定法，但基本的宗旨仍是即法無法，住而無住，如能在禪法中直心直行，不被一切境界所轉，那麼必然在回脫心法之際悟入本性。

禪行中的消息亦可以十一喻明之：

(一)、登山喻

禪人做工夫猶如登山，先須確立目標，次則抉擇路徑，再就現前之山路，穩妥上行，既不能急急趕路，也不可計量途程；或於腿瘦身疲之際，亦不可貪圖休歇的痛快；山色風光雖妙，卻不應離開眼前一步而左右顧盼。如果一心祇顧登山，到得山頂方是大休大歇時節，而又不可住在山頂不起身也。

此中最大障礙，乃是因旁顧太多而使心神馳散，意志全失，落得半途而回，前功盡棄也。

㈡、煮飯喻

要燒飯必然要具備鍋、米、水、柴等條件，條件有了，要使一鍋飯燒得好，還要注意水米的比量，然後起火燒煮之時，則應一氣呵成，中途不能歇火，直到水沸大開，則還須小火保持方能熟透味香。禪行也是如此，把智心行法等調攝如理後，則投入了相攝相融的專修之時，身心的狀態也隨著修持的久暫而改變，業識惑障也漸漸地消亡，如果在這中間又放棄正行，另緣他務，則此身心又復退轉，即不能開悟了。以後修法，又得從頭開始。因此一定要一氣呵成，中間不得放鬆停修，直到業識玄關打開，惑障頓斷，纔是成熟受用的時節，祇須平心養道即可。

㈢、種樹喻

禪行者的心地法用也如種樹一般，當在一片土地上種下擇定的樹苗後，就一心去護養澆水施肥，妥善培植耕耘，在此之際無有執著求速之心，不生盼望光顧之情，祇需天天如此，日日無間，此樹自然會在每時每刻中茁壯成長，因緣時節一到便開花結果，收穫即臨。反之，如果過於用心，施肥過多，或揠苗助長，則此樹必中途夭折，絕無滋榮之日。

㈣、流水喻

流水不斷，行人無心，濁去清來，心空智現。禪人在行持中，如發現種種妄心流注，應當不生分別，不去追逐，也不必斷除，祇如觀流水一般任其流去，因無心之故，則妄想之心自然不致干擾自性清淨，即妄心而非妄心矣！

㈤、影子喻

《涅槃經》中佛說任何事物，都有影子，乃主體幻現之假像，我們在用功過程中，因麤識漸離，激發了識田中的種種幻境的影現，正在諸影呈現之前，知是幻化，不作好壞之實執了知此影非從外來，不於心出，本來空寂了不可得，如是觀時，當下清涼，明照不昧矣！

㈥、推車喻

行進中的車子喻行法，能推車子之人喻心，心與法相應在一起時，心用法，法帶心，形成了不斷向前的慣性作用，而此不斷加速的推進中，就愈趨輕快無滯，不再有能推所推之執受，到得懸崖邊際，一任直去，車亡人空，一切不留，此時如無怕空之念，即見性矣！

㈦、尋物喻

禪人用功，上路之際，猶如丟了一件極其珍貴的東西，明知就在這條路上，而於一心尋找時又找不到，於是心無旁顧，忘卻身心，不覺時間，除了尋物之外，更無異念，直至於忽然之間，發現此物不在遠處，就在目前，心中歡喜無量，慶快無已矣！禪人行到見山不是山，見水不是水之際，仍然在心中如是直行無執無住，到得冥然一轉，自性光明灼然顯露之際，久久尋覓的那一個本來面目就在目前矣！

㈧、螢火喩

禪行到得某個時節，智慧突然閃現，猶如黑暗之中，現一明點一樣，而此閃現以後，仍是黑夜。喻如螢火蟲的微光不足照明、不可長留一般，因此，禪人對於暫時的智慧閃現，不可執著，不能以此爲滿足，不應停在此處而不再繼續進修，而應摒之不顧埋頭苦修，直到徹底光明，盡軀黑暗爲止。

㈨、夢心喩

日日有夢，而晚上睡著時的夢乃本於生死大夢，因此夢者是心而無關睡與不睡，祇要心地絕其塵思，則諸夢即盡。禪人到了即夢無夢，即睡無睡之地，正是本性將開，妄惑漸消之際，如能不落有無之執，不立夢覺之心，則正於無執不立之中，契入無餘矣！

㈩、月光喩

明月當空，清涼遍灑寰宇，而此月光不照而照，自然而然地。禪人用心純熟，心光自發，此中無能所之照，無分別之修，自然而然地時時如此也。因此，行者到了無心之際，不應再起無心之想，儘管覺照明了，而不落在覺照上，一任隨之，無作無受，自然打成一片，無復遮障矣！

(十一)、划船喻

禪人修道猶如船師划船。先解其繩——放下一切繫縛也；次則掌握好行駛方法——用心之善巧也；得到大海深處，驚濤駭浪，依然鎮定自如，無所懼怕——禪人在逆順諸境界中，心無取捨，不受其惑，一往直前，及至到了岸邊，則應離船而上岸，不必再依戀船上生活——行者到了真正明悟之後，再也不必依戀法境，生於法執，一心不顧，更無住著。如是行者依划船之喻而明瞭從生死岸開始依法用心，到煩惱中流而不隨其動，直至涅槃彼岸，不再住於行法而登岸自在了。

以上十一喻可用一句來概括之，既無住而住也。無論修何法，無論在何等境地，祇要真達無住而住之旨，任何一個禪人都能於此功行中，深入三昧，悟證本來。因爲無住而住，正是般若中道的妙用，一切諸佛都是由此而悟證無上菩提的；一切菩薩也都是依此而作觀修，一切行者如離此法，就不能開悟成道矣！

永嘉大師說：「不須知知，但知而已。」即是無住而住之意。三祖〈信心銘〉裏：「一切不留，無可記憶，虛明自照，不勞心力。」也正是般若觀照之意也。因此禪人如果在以上十一喻中，深達無住之旨，而實施於用功過程之中，那麼，必然速離妄知而證真心無知之真知矣！

五、如何排除初悟之障

問：初初打開，親見本性，真實體悟了這一段平平常常的孤明。這一片新天地，既非從前所理解的，亦非修行途中的種種如幻之境。正是虛明的直覺，時時親切現前，一切相待的妄惑似已消融，心中一種從未有過的寂寂法喜流遍法界，竟覺得可與佛祖把手共行，古聖之道無復遺矣！但是時間一久，這種親切的了知慢慢淡化，面前仍有許多歧途，一不小心也就又入迷境，失於明靜之照。雖然如此，究竟是甚麼干擾了自性，自己又落在那個關卡上，卻又不甚了了。因此請問，初悟之人應當如何保護？那些是悟後之障？應當怎樣排除諸障而得圓明？

答：剛開悟之人，因爲還很生疏，沒有經驗，而過去的舊知解、老習氣的殘餘還有極强的勢力，所以如果不善巧保養，則往往又會轉入迷途中去。

初悟人的保護方法

㈠、初悟之後，應令心平等，不隨歡喜之心而轉，不對人談論此事，一切安住本來面目，不動不出，使悟境在心中淡化。

㈡、初悟之後，由於力量持續得不一定長，故還應重修原來之法，在修法時，全用自性來轉，而不落於修心的痕迹，如是自性之定力日强，即不再迷失了。

㈢、保護住了之後，如有明師可就印證，如無明師當面指點，則也應於禪宗祖師的著作中去印證，如依《禪海十珍》要四典印心，便可了知悟境的正確與否，便可安心直入了。

㈣、肯定下來之後，仍以無事、無欲、無住、無求爲達虛明的關鍵。因此，初悟之人，不可行攀緣之善，不可急於度人說法，應以無事閑道人自行其樂，久久則定力自强，而慧照更圓活了。

㈤、隨其定慧力强，方可以在生活起居、待人接物之中，調除習氣，化轉人法的痕迹，使自心內無身心之執，外無諸境之著，一切經驗、知識、覺受得統統揚棄無餘，唯於自己猶如嬰兒一般，雖然虛明常照，卻無一絲偏執。

㈥、煩惱盡、氣習空，則真性真達平等，六塵之中無復可染可住之處，隨處自在，任運無為，此即證入聖境，即由明悟而到證悟，一切神通妙用從此開發，度化衆生即有方便矣。

㈦、到得入聖之地，方可涉一切境，廣施法化，無量善巧，百千變化，均由此而現前了。

以上七條也祇略示一般情況，因人的宿根與因緣的不同，保養一途就有差異，雖有差異，但畢竟殊途同歸，祇在各人善用其心，自脫其縛而已！

再就悟後的歧途障覆而言，此乃千差萬別，主要的原因與宿世中的修行習氣有關，如今雖然開悟，而過去的偏執習染仍然像影子一樣，不時地干擾正悟的平等之境，故使覆障疊出，而自己以為證悟本來如此，不復防範，結果又重入迷境矣！

舉例說明

㈠、A君在行不知行，坐不知坐後，心地一轉，脫體空靈，徹見本來面目，此後數日心地明淨，更無復煩惱，自覺與佛不二（仍有這個在故未徹也）。因見一人自稱開悟而實是一種空境，爲令他明白甚麼是真悟故，即與之說明，而對方不服，出言激勵，於是A君在悟心裏，頓起一念無明，明淨突然失去，初悟的親切體知，再也無復存在。這是因爲好辯之習染在悟後泛起，故於對境之中而起覆障，如能恆依自性而照了一切，世人無不悟者，則不起對待，自然安心無住，長保不失矣。

㈡、B君在初初打開之際，忽於心中突然光明，因此落在光明之見而以爲已得明悟，以後保養也全落在光明與影子幻現之中，不得赤裸無住，所以既非證悟，而又偏執身光，並由生理的轉化而生貢高我慢，輕視他人，指爲未悟。

㈢、C君悟境剛開之際，分別忽起，即刻覆蔽，因未能一把擒住，又不了真悟之境，故於後來回憶此境時，往往以爲開悟即是如此。而此刻心地與證悟之心，全然不同，乃是迷人說夢話。以不了故，絕無保任之功，因其悟入非真，反誹謗他人亦是如是悟而不真，又造業矣！

㈣、D君因宿有識陰神異之執，在用功逼拶之後，心地忽然開啓，而正於此際，識陰分別之執立刻現起，又復執此明白之陰境爲悟，故此保護此境，起諸識陰之用，而以爲妙用無住；功行高臻，心生我慢，輕視他人未悟，不知自己正落在鬼窟裏作活計，全不了真性空覺無住之德。

㈤、E君數次打開之後，旋保旋失，而後因身心保養較好，身閑心定，產生了明顯的樂、明、無念之覺受，於是便住在其中，以爲保任之境。而因精力漸趨旺盛，終日分別起念，取捨諸法不知疲倦，反以爲自己不曾動心，去住自由，而其比較心理，煩惱習氣就是落在樂、明、無念之皮殼境爲悟故，所以仍是二元心理，對此之執也特別强，並著在自己功行之中，不悟本性圓成之旨，故其不僅不得繼續進步，而且日益退轉，於開口說法時，且又害人損他矣！

㈥、F君開悟之後，智慧閃現，心中湧出許多詩意，因不知此乃禪習，反而以爲自己悟境高妙，宜於如此流露，不久之後，全被詩偈所轉，時時吟誦、指示他人，並貢高自舉，結果又落在妄心顛倒之中矣。因此，悟後決不可隨詩意而去，空掉發揮妙理之欲，綿綿隱其真行，在諸人中暫作聾啞人去，方能保養長大也。

㈦、H君，開悟之後，已知安養心性，勤除習氣，在事事物物上也已能透過相而見性，時時明照不昧，但於古人公案不曾透過，在應機之中也不知直照對方之心，故於開口談法時，既無法接人施化，更會開口即錯，因此滯在自性不起活用。如果對古人公案綱宗一一透過，又與衆人相接之時，方便直照，則妙用活潑，隨處利人矣！

(八)、J君，開悟之後，因宿為小心，不樂衆事，故偏於守寂，賴於應緣，如是久久，心念沈寂落空。若能於諸事物到來之時而不妨以「如」如之，則自性活用便得超然無住矣！

(九)、K君，開悟之後，因其宿習大乘，弘法之習難忘，故未待護養力强，草草而行利他事業，結果雖則時時處處明白自性無住，但在應物之中，仍蒙有一層迷昧，心地亦不能時時清明自在，故此弘法，雖能開啓願力道行，但如落在其中，而不達即事無事，久久即迷途不返，又成瞎師去了。故雖有弘法之習，亦可借此弘法事業而斷習，但不能離此本體而赴緣，一定要時時相應方好。如一時被事情做了去，也應很快恢復原初，依然明淨為妥。

以上九個例子，祇是隨其所見，方便舉出以作鑑別、對照而已，究其實際理地，豈有如此多般?人人之本性皆平等也。但由於諸人的習氣不同，故於悟後保養上又紛呈異象，而又豈止如上九種呢?諸人祇要識得本性，腳跟不被諸習移異，則久久之後，必能穩坐菩提，光明自在矣！

六、結論

一切佛法無一不是破障顯理的方便，因爲法本無法，所以行人也不妨無法而法。如真能了達障惑本空，那麼，便悟即法無法之旨了。由於現代禪宗學人重知解、執身心、存取捨、落相待以及偏習染之故，所以禪病極多，比之古人行道的純樸真心，差之遠矣！因此，我們不妨提醒自己，應當如古人一樣，純真正行，不落於一切自生之障礙而直達真實悟證之地。概括現代人學禪離障之妙要，也無非是知解而離知解，即身心而離身心，即禪法而無法，即明悟而離悟的四大要點。故此，般若無住之旨，豈不是自始至終的修行大綱，行人成道的關鍵嗎？

禪的關隘與透脫

有佛與無佛

在一個《金剛經》講座的法會上，一位學佛多年的居士因對佛教中的空有二義、心法二邊有疑惑，而提出了這麼一個問題：「佛到底有沒有？」眾人聽了都相顧無言，覺得他不應如此提問。有人傳言來此，問道：「如有人這樣問，你作何答？」我直了說：「你有佛也有，你無佛也無！」會嗎？若也不會，就得參透個中消息了。

釋迦如來在歷史上有。我們翻開《印度佛教史》、《佛傳》就可以瞭解佛是真實性的歷史人物。從佛的開示裏更知道佛以前有燃燈、彌陀、迦葉等無數古佛在法界之中寂光常耀。

那些大願、大智、大悲、大行的地藏、文殊、觀音、普賢等無數菩薩，隨類現化，感應救苦，畢竟活現在我們中間，他們是成佛的見證，見到菩薩也就如見到了佛，也便知道有佛了。

你見過肉身坐化的祖師嗎？如六祖、石頭、憨山、無暇、慈航等；你聽聞過虹化而去的即身成佛者嗎？你閱讀過祖師傳裏的那些修證成功的祖師嗎？如達摩、慧思、智者、密勒日巴、岡波巴、宗喀巴等，那些智慧開朗者、煩惱解脫者、臨終坐化者，無不一一證明依佛道修持的真實功德，弟子的成就歸功於明師的引導，**佛是三界導師**，你能說沒有佛嗎？

佛教各宗的所有理行都旨歸於佛德的圓滿。禪宗的直指人心，見性成佛，心的本來面目就是佛。天臺宗的三因佛性——正因、緣因、了因，由理即之佛，開啓名字圓解，再由觀行到相似，由相似到分證，直至究竟圓滿法身、般若、解脫三德祕藏。密宗的三密相應悉地成就，三身具足而成大圓滿佛。淨土則心淨土淨，顯彌陀接引，蓮開九品，不退成佛。佛既然是可以成就的，不正是佛可信而道可修的嗎？

學佛的人心中有佛，是因爲切實地瞭解佛德的真實性，是因爲理解佛理的圓滿性，是因爲爲體驗佛性的微妙性，是因爲悟徹佛智的實相性。由此四性而入佛、證佛。真正入佛、證佛的人必無人、必無法、也必無佛。

因爲心不入於過去，歷史的釋迦佛在那裏？無數的古佛在那裏？佛不在過去，所以過去無佛可得。

因爲菩薩不在心外，地藏是我心的大願，文殊是我心的大智，觀音是我心的大悲，普賢是我心的大行。夢中佛事，水中明月，心俱心足，不向外求。所以佛不因菩薩而見讓，菩薩也不因佛而化顯，即緣無緣，無相而相，佛在那裏呢？

滯相構迹的人祇會贊頌祖師的豐功偉績，祇知肉身不朽，著作玄妙，卻不見祖師因爲心中無我無欲，上不求佛，下不化衆，平常無爲，自然而行，所以超佛越祖而示迹天下，德化無邊。如不悟衆生與佛不二，横生知見，功利之心難泯，何能慈悲普被，平等救度？正是徹了因心與果海一般，心中無礙，方得超然自在，佛在那裏呢？

教理屬於解悟，行持屬於修證，宗派屬於方便，成就歸於無心，真了悟佛法的人，不立文字，不住假相，不樹宗派，不見有我，終日閑閑，無修可修，無佛可佛。於是一派天真，任運無爲。

有，是建立；無，是回歸。建立之後要掃蕩，掃至極處方知本來是佛。回歸之後要妙化，化至極處，纔證法界一體。

信佛、學佛、修佛都從有佛中建立，悟理、證體、啓用，則從無佛中回歸。立無所立，歸無所歸，方到自家田地。

古禪師有言：「有佛處急走過，無佛處不停留。」諸位還會此中玄旨嗎？參！

禪門三關淺說

禪作爲人類心靈最究竟的本質與最完美的智能，它表現的方式極其廣泛與豐富：人生宇宙的一切事物，都時時在呈露禪的本性。但人們往往迷惑於它的表層而不知如何默契真正禪的裏層世界。因此，縱使喜歡或虔求禪宗的人們，也祇將禪當做點綴生活的藝術品，或取禪的哲理應用於談玄說妙，更有甚者將禪庸俗化，將其與氣功及神祕學等量齊觀。其實，這些不僅不是禪，且與禪的本質完全背道而馳，走向了它的反面而污染了禪的聖潔。

禪是甚麼？禪是人生宇宙的本性，是我們心靈的原態；它需要通過一番破識情悟本有的過程，沒有真正的悟，也就難以體認禪的真義，一切的公案語錄祇不過是禪悟的註腳而已，絕對無法說明禪。當一個禪者經過努力的參究，一旦豁然醒悟，本來面目徹底呈現的那一段微妙的悟境，便從本質上完全改造了人生的一切，迷惑與不正見從此也就消失了。此後，在禪悟者的內心深處，開闢了一個嶄新的天地，來自性源的安禪之德與智慧之光，推開了一扇扇關著的大門，衝出了重重的障礙，人生處處顯現自在與幸福。因此，悟的契機，猶如使人從黑暗走向光明、從迷途返歸故鄉那樣親切明澈，確實微妙難思，唯證乃知！

我們怎樣纔能進入真正的禪的世界？悟以前應該如何學習與修持？開悟之後又該如何保護與任運起用？得證具德的人又將如何爲人處世、弘法利生？下文試就悟前、悟後、爲人的三關，淺說其過程與要義。

一、悟前的知與行

禪的悟證需要知的解悟與行的實踐作爲前提。因此，學禪者求深達超脫的空靈無執之知，與天馬行空、獨往獨來的無繫之行，是進入禪悟必備的兩大因素。因爲禪是佛陀無上的心印大法——佛教的根本精髓，所以不可能以其泛泛的知行與深厚的情見所囿蔽的心境而悟入。由於存在著「知先行後」、「行重知輕」、「知行合一」等不同層面，所以必須分別加以說明。

㈠、從無知到淺知

一個人從對禪完全無知的狀態，一直到初步而正確的瞭解了禪，這需要一個十分難得的機遇；當然這離不開平時對於人生等問題的思考與修養。這種機遇一般來自以下三種情況：1、遇到已開悟禪師的講解指點；2、閱讀富有啓發性的禪籍；3、在思想的窮途中，忽然得到外界的啓迪。當你遇到難得的機會時，如果的確有禪的根性與天資，便會在這個因緣時節裏從內心產生激勵與觸動：一種受禪的美妙意境啓迪而心花怒放、茅塞頓開的感受；一種豁然開朗後的空靈、暢快，以及無法名狀的心靈世界的智慧閃現。此時，你便完全沈寂在禪的悟解的愉悅中，心靈深處的感觸與開發出來的慧力，改變了平常狹隘庸俗的思想境界；而且由此產生的冥思，經常有意無意地在你的生活中出現，無法遏止，充滿了追求禪世界悟境的濃厚興趣。

進入以上的狀態，算是對禪有了初步的淺知，它完全不同於依文解義和以類比方式理解禪的人，因此雖是隔岸相望，似見非見，但畢竟在依稀彷佛中，親自見到了。此外，仍須在閱讀禪籍與親近禪師時，不斷地返照，進一層地去體會，有一種非打破沙鍋問到底而後已的決心，探究禪的淵源，直證禪的悟境。於是對見性成佛之道，信心十足。

㈡、從淺知到深知

有些人在獲得禪的淺知後，因爲世俗的事務及各種煩惱的干擾，逐漸地覆蓋了原初的真機真情，慢慢地趨於消沈；或祇取相似禪意，應用於生活之中，不再作深入的探索。真正具禪宗根基的人，在淺知之後，由於宿因不斷地開發，就自然地向縱深的禪境發展。猶如蜜蜂嚐到了花粉一樣，內有嚐蜜之因，外有花粉之緣，於是就一直吮吸下去，乃至釀成蜜而後已。

這第二類人，如果他有機會依止明師，就可以在明師的大手眼的策勵下，穩步向前，自有處處通關之妙。假如在無師可依的情況下，就需要自修自悟了。在自修中，除了打坐習定，懺悔業障，稱名持咒等助道方便外，還應以無住心研究下列著作：《圓覺經》、《楞嚴經》、《宗範》、《碧巖錄》、《中峯廣錄》、《宗鏡錄》、《六祖壇經》、《大珠和尚語錄》、《傳心法要》、《禪關策進》、《指月錄》、《五燈會元》等。在學習時，重點放在觸機的領悟，不必記言記語，更不可有積累禪知識的觀念。對於不識的字，可以查一下辭典，以求明瞭；如果遇難以理會處，可以作一個記號，就放過不管，不求甚解。因爲意識卜度都是妄情，所以在閱讀時，盡量做到直心平照，不起分別憶想，以無住著心、能所心而閱讀。這時，經常會出現豁開的小悟，在恍然明澈的親切悟境中，不必再往下看，應該默默體究，返照現前一念，使之提撕不斷。閱讀禪籍不應追求速度，也不應都要從始至終的閱畢全文，祇是隨意而照，自得自適即可。一次閱讀時不必過久，注意精神的輕鬆。閱讀一段時間後，停下來靜坐返照十至二十分鐘，要使心中一切不留，唯寂唯照。

假如在某次閱讀後，有一問題或語義對心靈產生極大的震動，久久不能忘記，時時在心中出現，一股疑團橫梗在胸中，此時抓住時機，一心參究，時時不離，愈久愈細，則愈近悟機。但在參究時，不可涉及意識分別，不要把教理知識來解答此一問題，而祇許一味直參。這就是疑情的階段。

㈢、從深知到無知

真正的知乃是無知之知。一個學禪者，從深入的解知後，無論從起疑情或真參本性，都能漸漸趨入佳境。到了山不是山，水不是水之際，身心內外，渾然一體，自他理事，融合一貫，心中不存能知所知，有關禪的概念、名詞等一時歇去。沒有能參所參，生命的真正情趣，唯在此時此刻的一念靈知了了的心中，不偏不倚，非空非有，無來無去，與天地同化，人不見人；與自然合一，山不知山。湛然忘懷，一念孤絕。如在此時更能進一步轉過身來，「翻身觸破太虛空」，大死以後大活，全體圓明徹露無餘，一真法界了然彰現。於是見性明心，證入初關。

㈣、有慧無定行

學禪的人雖藉強大的慧力打破初關，明心見性，但如果沒有定力的護持保養，就會擁持不久，一旦打失，又入迷途。具足慧力一般有兩種途徑：一是由明師的善巧直指，在機緣湊合時，忽然契會自性，頓斷意識流注，即具天真本來的慧力；二是由自力參究，到了山窮水盡時，自然有「柳暗花明又一村」的悟境。這兩種都是正悟，也都需要定力的護持。另有一種衹是意識分別心對於禪公案的慧解，似有所悟，但因不離識情，故全未真正見到本來，没有親切的受用。這種慧解更需要禪定的培養與深化，藉定力突破意識分別之關，進入真正的悟境。在學禪者中間，往往狂慧的多而證悟者少，因此切忌過於分別知解，而應處處返照自性，更兼以定力轉化狂心，方有悟道的可能。

㈤、有定無慧行

僅把禪作爲一種修心養性的靜坐入定的方法，不知禪就是自己的本心原態，於是一味地枯坐修靜，企望能坐出一種奇異的天地。這種不識自心的妄執之禪，不但不可能開悟，而且更易增加生死煩惱，形成堅固不化的顛倒見。

因爲這一類人不能超越我見與法見，縱然在修禪時暫時達到忘身忘境的狀態，依然是我見我愛的執著在起作用，障礙重重，不可能打破無明，見於本性。往往久修死定的禪者，因不明心地及真實的悟境，總以爲有修有證，或自以爲禪境高妙，於是造成了更深厚的我慢妄執，落於死水潭裏，難得悟性起用。

假如已有定力，更能參學明師，研學禪籍，以慧照心，則能脫禪定之縛而得活潑之用。

㈥、定慧雙運行

既有解悟明理識知自心的智慧，又有打坐磨練，對境不遷的定力，如是定慧雙運，如車的兩輪，如鳥的兩翼，進步便十分快速，成就也特別殊勝。

如果雖已具定慧雙運之心，但在實際上，兩者的力量都不充足，腳跟不穩，如此在久久修習中，仍未打開本來，或打開後又已失去。這種情況說明宿根較差，蓋障較重，因此還必須借助種種方便，以增加定慧。至於應以何種方便助道，可由自己選擇或求明師指示。

學禪者進入正修後，就要減少外事的攀緣，還須注意身心的調養，因此掌握臺宗二十五方便行法，對修禪極有好處。學禪者既已立志參究，則應恆一其心，專精不退，一氣呵成，決不可停停修修，否則必至非驢非馬，半生不熟，以後再想提高就非常困難。試看半途而廢的禪行者，能夠振作向上的又有幾人？所以應珍視這一段十分寶貴的光陰，這是證悟真如生命的關鍵時刻！

二、悟後的保與任

開悟之後，在理邊講即是「頓悟須同佛」，但在事邊講，卻仍是「多生習氣深」，故仍是凡夫，煩惱習氣猶在未斷。但由於已悟本性，悟知一切法本來不二，時時不離自性，能以無住心而應物，故基本上已伏一切邪見煩惱，在一般情況下是不會走失的。從此之後，祇要保養得當，就能逐漸呈現自性的全體大用。這猶如嬰孩剛落地，雖然已具大人的身根，但一時還不能起大人的作用，故須經過長期的調養保護，方能成其大用。

悟後保養的方法主要歸納爲以下六點：

一、知覺照：即在妄念生起時，能時時覺照，不隨之遷流迷失。此如古德所云：「念起即覺，覺之即無。」

二、不污染，在一切時中，不受善惡是非等一切境界的污染，對境不生情見，保護心性的空靈與安詳。

三、是能轉煩惱習氣，在煩惱習氣翻騰時，能以無執無待心轉化之，知煩惱與菩提不二，不取不捨，一性平等，泯絕能所，於是煩惱不斷而自斷。

四、調養身心，在無執的觀照下，注意身心的調養，不使疲勞過度，時時保持輕鬆愉快。煉身心，使之更爲健壯。

五、養深湛之定，每天至少坐禪一次，不計時間長短，無心而坐，一任無住，借此培養深湛的定力，開發更深的智慧妙用。

六、消釋公案之疑，以無分別智閱讀以前不易理會的公案，使之一一透過，智慧也就愈臻圓活。

保的時間因各人根性與定慧力量及煩惱輕重而有所不同，無論時間長短，一定要保養到情見不起爲到家，即斷見思煩惱而出分段生死、身心無累的無漏解脫，也即證入根本道。此後從體起用，方能自在無礙。

保養成就，方進入任運磨練的階段，此時可在平時習氣最深、最難以透過的環境中去鍛煉，如在順、逆、不順不逆的三種環境中，使自己進入角色，做各種各樣隨俗的事情，而內心不受干擾，情見不生。因此，在上層社會與下層社會裏，一切的人情冷暖、是非善惡、可憎可愛、可憂可喜等境界中，一一透過，不受一切受，心中自在無礙。如此久而久之，不但能入佛，而且能入魔。力量不斷增強，自性進一步開發，此時方具備度生的資格，方可紹隆佛祖之位而大弘佛法於天下。

三、爲人的情與智

所謂爲人，即是住持佛教道場，爲人師表，導利羣方的法門師範。末法的今天，並不是非要證到任運自在方可爲佛教領袖與導師，如解悟者可做教下學院的講師，開啓蒙童，悟佛知見；明悟而力未充者，亦可住持小道場，在一方爲人點示，示其禪門正道。但以上兩種因爲未能徹了，情根未斷，於道行上時進時退，其弘法的影響力隨著修養的程度不同與悟境回旋而有變化，所以作用不免有很大的局限，即不能真正樹立宗風，主持大局，爲羣方之眼目，引導一代佛子向前進修。所以就禪門而講，盡量先完成「自我」，直到歸家穩坐、得大自在後，方隨衆生之因緣，而興大慈悲施無量方便作無礙的教化。

大用現前，無爲而爲。在施用時，先要觀察自己多生在法門應用上的生熟，並要熟知自己的習氣與不足；其次要深入觀察時代衆生的根性以及他們的需求，並要善擇因緣，取捨得宜。在應機施用時，要藥病相符，機用靈活，從正面、側面以及反面等角度，方便轉人黏著之外，而且要不留痕迹。

在施用中，情與智是兩個極其重要的問題。

在情一邊講，要不斷地開發廣大無量的悲心，消釋自己無始以來的一切情習，如俗情、私情與自了的偏情小志等。在隨俗轉化中，又要通達人情世故，研究各種類型人的思想感情，在貼近人情與順於人情或者逆於人情的方便教化中，使衆生因之而悟入。而在愛恨、怒　、嘻笑時，心中了然無執，一絲不掛，不留一點痕迹。這是在隨順世俗中，借以打破自他執情的大悲方便。

在智一邊講，禪門悟後雖已證體，具一切智，於中道諦亦已相應，但在緣起的差別事物上，還不能一一明顯無礙。故應在無爲心中學習無量法門，洞悉世出世間的一切知識，諸如五明等。在對象上，又應對無量衆生的根性、智量、性格、愛好、煩惱、習氣、情感、才能等方面，一一觀察照了，絲毫不惑。在具體運用智慧時，又需善巧掌握其微妙的變化，如心念、表情，動作、語言等，隨時以智慧應變之。因此對不同的機，施以不同的法，機活法也活，破其迷惑，消其滯情，啓其靈慧，示以行法，而且恰到好處，痛快淋漓。禪門古德的無量靈活機用，就是在心靈無住下，知機知法，而以般若之智盡其微妙變化而已。故無論暗示的、直指的、反詰的或論理的，都在無分別的智光中，自然流露，並無做作牽强之舉。

在悟後的爲人上，不可有心去求，不可攀緣化度，祇是無心自適，用而無用，無用而用，任緣引導而已。所謂隨緣不變，不變隨緣；一落有心，即重入迷途，自救不了，焉能度他？

如此久之，在無自無他中，度他自度，塵沙之惑不斷而斷。隨著悲智的逐漸圓滿，破無明細惑，而證三身、三德、三智；究竟成就時，即得阿耨多羅三藐三菩提之果。此時所證，雖祇是原初所悟，但其智光圓明之境，恒沙方便之用；法界圓明，身土不二，清淨涅槃，萬德齊彰，其中種種莊嚴與無量功用，絕非初悟之時可同日而語。

禪的教育與光大

禪行的思考

佛陀應機宣說八萬四千法門，歷代祖師弘揚顯密、禪淨諸宗門派，無非大悲垂化，借種種方便以度人，使信修者開正智見，損減煩惑，消融妄心，證入三昧，開顯無漏慧而導歸於實際理地。既契證理地，通體現成，圓心普照，於是「千山勢到嶽邊止，萬派聲歸海上消」。一即一切，一切即一，更無法門高下、宗派勝劣之情執，萬善同歸，諸行一趣，旨歸既圓，方便即立，如握摩尼寶珠，隨類而顯，應緣而施。如意自在，圓滿無礙，於是周濟無窮，廣行正法矣！

禪的教學者肩負禪脈正宗的傳衍，使法燈常明，並在實際教學中，使禪的行人依法參究，就機指點歸家之路，有障者以善巧除之；被路途風光所迷者，指之使識坦途。因此處處領悟真理，念念覺照自心，終至恢復本來，徹證無生，一期行功，至此圓滿。如此重任，世間醫師無法與之相比，因醫師僅醫身病及少分心病，而禪的教學者要徹斷一切病根，復原本清淨的佛性功德，使慧命永存，智光圓耀。所以禪的教學者，對己應力求透脫，清淨三業，圓融諸法，對他應廣行慈悲方便，慎重指導，方不辜負佛祖之深恩與荷負之大願也！

了知於此，便明白這個中分量。因此，學人要自利利他，圓成大道，絕非輕心、慢心，以少分知解能了此一大事因緣，必須安養性地，韜名晦迹，守住本分，消習轉業，更能由此而熏習諸法，逐漸圓滿無量佛德，且攝一切道種歸於淨用，隨方度化。故無論在大智圓解，威德妙行，三昧神用，大悲願力，法藏變通，妙相莊嚴，淨土方便，機感妙應，等等道用方面，一一成就，方能真正垂範一代，度脫無方也！

綜觀現代佛教，除佛學研究、文字宣揚、寺院應酬等，注重人間倫理修養的如人間佛教、生活佛教等，爲普遍性之教化，斯爲利世所必須；而專論修證佛法成就道業者，密宗自有師承之教學系統，唯在福德因緣如何，外人自不必議論；淨土宗爲普攝圓歸法門，祇要真正發願求生極樂，皆可一心念佛，隨分開解，以暗合道妙故，不必過分討論與爭議，唯在弘揚者之眼正。

至於禪宗，既是佛心，又是結合中華民族文化精華的大智慧與人生最高最圓妙的修養，現代的禪宗已是融攝一切禪法與禪行的總持法門，故它是圓活而不拘一格的。如目前所流行的安祥禪、生活禪、哲理禪、止觀禪、直指禪、心密禪、話頭禪、念佛禪，均是廣被羣機，利濟行人的方便。如能依之而行，悉心體悟，念念相應，則日久功深，自然有成就的勝果。

除此之外，禪的教學者還有更重要的一面，即以方便智隨機指點，解黏去縛，針對現代人的心理病態與知解迷困，善用種種方法化轉執著，滌除心垢，清明智目，恢復正常的心態，使其更好地投入生活，爲人類的文明做更多的貢獻。這種活的教學，正適合禪的風格，有類似於心理醫師的心理諮詢，祇是禪的教學更有向上的發心的價值，所謂光明的銳氣、慈悲的精神、四攝的利樂、平等的性德等等，使恢復後的行人，建立起人生崇高的理智，在生活中充滿真正的歡娛，即「日日是好日」也！

當然，個別的禪行者，因爲個人的用心方法不當，如祇作禪理的探索，禪法的比較，不向明師參學，以及見光、見佛，妄認境界爲開悟等等，以至達不到禪修的預期受用。這還得從自己的發心與方法上反省一下，努力走出一條禪的坦途。

那麼，如何纔能確定禪行的進步呢？大致可列出以下十條：

一、空一切根塵境界，明了現前而不住於空，即不落第六識的分別空及不起第七識的我證空之執，即空不空，直了不二。

二、顯了佛祖所示之理，契入不昧，以此實相真理，解了諸法，緣生無性，稱性合理，因此三藏之本，祖教之旨，了然心目，一絲不差。

三、智照現前，不被境惑，不隨心起，直了目前，無心而用，所謂「心識澄清，了了分明。

四、自覺心量廣大，包括萬法，能容不同知見之人，能適應各類凡俗習慣，雖有來去運用，卻無來去之心，因一切均自心所現，故不動而動，動而無動也。

五、慈悲俱足，處處利濟衆生，順應機緣，不故示清高神祕，不稱己德，使不同類型的人都得利益。

六、在利生中，時時檢點自己的行爲，知是習氣，必改無悔，使習染漸輕，身心清淨，隨處無礙。

七、心地質直，身執及自我利益之心極輕，不爲名利而行禪法，融通世出世法，平心而論，稱性而談，攝持衆生於正道。

八、見果知因，知因達果，使一切因果不昧，了然無滯，以此隨緣建立善淨因果，使自他上上升進，福慧雙運。

九、淨念相續，日夜一片，內外一片，淨穢不二，心光圓照，本位不移，雖起應萬機，而如如不動也。

十、以寂照不二之智德，導自他歸於理事不二之淨土，圓融普攝，常光恆照。

最後應指出，真有見地之智，真行必在其中，不必另起他行，唯以智起行，全行在智。古德所謂：「全修在性，全性起修。」關鍵在於智眼之圓啓，以根本智可以證體，以差別智可以啓用，如以事功等論於智行者，非但說之不正，且有礙於正智之照，故智行是合一的。如行之不周，那是其力未充，祇要驀直去，必有到家的一日！

禪學院教學程式初探

中華源遠流長的禪宗法門，因歷代祖師的悟證而不斷倡宏發達，枝葉繁茂。禪宗弘傳的一個主要原因，是基於禪師活潑的悟後生活，以及禪心妙用而產生對學人及後世的深刻影響，故禪是以其獨特的風格而揭示佛法的不傳之祕，同時以其活的教育而開顯習禪者的本具禪心，獲得以心印心，成就無盡的自在妙用。

綜觀歷史上禪學的教學，雖有直指、默照、參話頭等方便設施，但均以就機施教，靈活多變，不落言句窠臼為妙。因此，禪師們所舉揚的公案，祇是昭示習禪者的內心智慧的一種善巧，即所謂「指月」，知此，禪的教學應擯棄教條與意解，以免走妄心分別的老路。

目前有些禪學院雖立其旨曰：「直指人心，見性成佛。」但所教的方式與內容仍雷同於一般「教下」學院程式，變成了教義的宣揚，義理的演繹，而非直指人心啓開本來，方便授法，令悟心源。如某些學院講授《論開悟》、《六祖壇經》等，均是大發議論，條分縷析，其教學正是哲學家所用的思惟分析方法，走向與禪完全違背的妄見之中，所謂「知見立知，生死本」也。其結果不僅使習禪者死在句下，塞其悟門，不得轉身活用，且亦由反熏之故，使在靈智閉塞，毫無體驗的情形下，對禪產生渺茫或畏縮，以致走向他途，另求奇妙了。

縱觀禪學院的教學弊端，不外以下三種：

一、偏重於禪的研究性講授，如引用哲學、科學、社會學等來比擬禪，又用文字性以及文學觀點來探索禪文字，以研究邏輯性與禪文字的內涵；或以精神分析等心理學來比類禪師開悟前後的心理狀態與開悟的心理層級。於是以種種方式總結出禪的內在規律，得出禪的開悟途徑與悟後狀態。欲借此研究，窮盡禪的奧祕。這種用意識妄心去作禪的研究，是背離了禪的無念、無住、無相的本質，祇能自誤誤人，不啻南轅北轍。

二、執取通過意識理解所獲得禪思惟去講授禪的道理，並以此所理解的禪意境認爲是正見。如純以教下之法來闡述，不知消歸自性，直指當下，或大講禪公案使人理解了五花八門的公案形式，而且能說會道，對於公案異常熟悉，而於自己的當下，現成的公案，卻仍茫然，不知會去。這種教學法教出的學生一般均輕視實際的禪修，以解爲悟，造成狂放不羈的心理，一生便在無所事事中混過。如果在逆境中透不過去，自覺毫無得力，就又去尋求另一妙法，如密宗、道家中的健身、長壽法等，以求保身延壽了。

三、一味地教授苦坐苦修、著意練心，死參一句話頭，提倡「久坐必有禪」。於是造成習禪者的心情壓抑，精神苦悶，或者被壓抑之後所產生的各種幻景所迷，終日落在妄覺之中。禪本屬悟不屬坐（修）。但不坐也不行，以靈活指點，方便禪坐，隨時解黏去縛，方爲習禪者入道的妙徑。可見禪修祇是悟心的方便，不能執以真有所修，更不能以路途風光的幻來幻去而認爲工夫的成就大小，一切皆幻，唯有真正悟心之時，則一切皆真。證真之時，當然連「真」也不可得。

由於上述的三種教學之弊的原因，禪在教學上就成了一個嚴重的問題，使有志於參究向上一事的行者，在禪的「無門」之門前，也就真的「無門」可入了。

現在，世界各國都十分重視禪的悟證與體驗，以運用於人生實踐。中國是禪的發祥地，在一千多年的歷史中曾經大放異彩，至今仍作爲禪的故鄉而受到各國的關注。因此我們應繼承這一傳統，並繼續發揮光大於當代。

國內目前已有幾所禪學院正在開設禪的教學。如何使禪的教學在靈活施教的基礎上建立一個行之有效的，使師生在善巧之方法下，趨入禪的「無門」之門，真正獲證禪的悟心？謹提供所見，用供諸大德參考。

第一節　禪學院應具的條件

設立一所禪學院應具有符合禪修的各種條件，如師資的配備、學生的根器、環境適宜等，均須有個較全面的考慮。

一、教師的選擇

主持籌建禪學院者，首先要考慮是否能聘請到符合條件的教師。這教師最好是受大戒的禪師，但也可以由清淨居士擔任。選擇教師首重見地與實際的禪行。凡是空談禪理、偏重禪文字的研究，不務實際者，或者雖也以禪來標榜，但在理論與實踐上多有夾雜，如把密宗、道教等攝入其教學中，均不宜擇取。作爲禪學院的教師起碼得有初悟的體驗，且能以其覺照表現出禪生活的自在風格。在教學上，還應有禪教學的技巧，善識根器，熟用法門，能對機靈活開脫，方便施用，使學生不泥滯，放下包裹，徑直行走。因此，禪的教師決定了禪學院的命脈，開辦之初，應謹慎擇取。

二、環境的選擇

現在國內佛教學院均設在寺院內，而寺院大都爲觀光遊覽之地，因此環境比較憒鬧喧雜，不利於清淨學修。禪的初期學修宜在人迹罕到的青山之中，環境應是封閉性的，與外界信息暫時中斷，以有利於忘情無寄。況且在空氣清鮮、環境寂靜之地，容易產生與禪相應的心境與體驗。又以單調的生活、適當的勞動，使人返歸於原始的純樸之中，恢復人原本的靈智與率真的本性。這樣就有一種如進入古代禪師們生活的境況，對禪尤能產生親切感。從封閉性禪生活體驗過的人，心靈上自然會有一片清洗過的新天地。所以，環境的擇取，也是辦好禪學院的另一個條件。

三、學生的選錄

禪學院教學對象的錄取，也是一個很值得注意的問題。因爲禪是佛教中最高層次的上上乘法，不是一般人隨便可學的。因此凡是追求神通靈異，追求禪理，著相修行者，均不可錄取。必須具有習禪的根器，對禪具有即生實悟實證的大信心，精神內充，能吃苦耐勞，不怕險阻，性情澹泊，甘於寂寞，不計名利者，方可入選。

第二節　啓蒙期教學程式

啓蒙期是學生入學後的第一步教學方法，能使學生開啓見地，發起大心，掌握初步攝心之法。

一、啓發性的教學方法

剛入學的學生，因爲在過去的生活歷程中所形成的認識與經驗，一般來説都是背離禪道的謬見，所以一開頭就要破一切謬見，消除概念的障礙，開啓真實見地，明了禪道要旨，使之確立信心，產生嚮往禪悟的精進力。因此，初步的啓發對禪修來説顯得十分重要，如果不打破以往的概念性的執見，在禪修中就會處處執相妄求，不可能超入絕相超宗的空淨妙域。

這種啓發性的開示，可以在禪堂裏，但須面對學生，能直觀其各種反應，抓住學生的心理狀態，應勢利導，契機而講。因此，不但要講得生動活潑，而且要一針見血，直指對方的心靈，使個個在具有生命力的言談下，心扉頓開，豁然有所了知，深覺無始沈淪，今始明白本有不失，唯須依法求其真正悟證。因此而內心安穩，不再外求，一心冥寂，體悟禪道。

啓發期不宜太長，祇要觀察學生内心已經開啓，發心求證時，即可結束，一般約需一周至三周。

二、發心期的引導方法

了然禪旨後，已經信解禪理，此時應進行發心的引導，一則求佛、祖師的加持，二則更加促使學生的發心堅固。

教師應先編一套發心行願偈，然後在禪堂中引導學生在毗盧遮那佛及歷代祖師的法像前，禮拜、誦發心偈、行願文、作無相之懺，受自性戒。一一在清淨心中如理如法而行。

禪的傳統行法並不重視形式，但作爲一個學院的教育方法，面對一大羣已經啓發而未開悟者，其力量的不持久性是可想而知的。因此，必須借境發心行願，作懺受戒。又因爲佛祖是已成就的人，其言行真實不虛，可依可行，所以當學生面對諸聖時，心中虔誠有加，並以此爲榜樣，努力修持，以求自悟自證。如此之故，就對禪修有相當的推進作用，力量也會久持不衰。

不過，教師在引導時，必要善巧，絕對不要使學生產生著相與祈求的心理，以免落於俗套，墮於妄執之中。因此，要發無心之心，行平等之願，懺無相之惡，受不受之戒。

三、教授禪的方便行法

教授禪的方法，一般說，以持念爲最麤，以數息、隨息爲中，以觀心爲最細，以無心直覺、寂照不二爲究極。因此，教授禪法也依此次第。

㈠、教授準提法

衆生無始以來所造著相惡行無量，故修禪之時，諸障現前，礙真本明的開顯。而先修準提法，就旨在以無相之咒印，破其障惑，安定初心。

教授調和與咒印無相之理後，即令入應修持百座，不可觀想，不必出聲，祇以直心默持或金剛持。每天可修四座，每座二小時，二十五天即滿。

㈡、教授數息法

準提法修畢之後，接著教授數息及隨息的無相修法。此禪方便之法，要在息、觀的同時，內空身心，外空世界，唯綿綿無間，一心在息緣之中，久久便入禪定。

學生通過試修，知確已掌握了息道修法後，就可以進入禪的正修。

第三節　初級禪修的教學程式

通過前節中的預修，學生在身心及禪法方面，已具足了正修的基礎。在初級裏，教學內容分爲坐禪、直閱、勞動、提問等方面。

一、坐禪

時間：每日早晨三點半至六點。

引導：先調和身息心而入禪，次依數息而修「住」，後又調和而出禪。下座後跑香活動身體與觀心。學生個別向老師提問，解決坐中的問題。

二、直閱

時間：上午八點至十點。

引導：先授以直心閱法，即不起分別名相之心，以禪修中的寂靜心端坐而閱，不求知解，於不懂處可提問。先閱《達磨血脈論》計三十遍；次閱《六祖壇經》六十遍；在閱讀中，重點申明：不許用思惟分析，不許參考其他註解，不許做筆記。祇可單獨向教師提問，而教師則要予以靈活的解答以啓發之。

三、勞動

時間：下午二點到四點。

引導：教師與學生一起參加田園等單調的勞動，借質樸的田園生活來體現禪的真境。故在勞動之時，不離禪觀。學生可在勞動中提問，教師也可借機考驗學生。在相互融契中，使大衆打成一片，一同融入禪的世界裏。

勞動時應注意不隨境轉，不可嬉戲與閑談。也不應太過疲勞，以免影響晚上禪坐。

除了勞動外，一周中應有一、二天爬爬山，在山峯上眺望十方，使心境開朗，消除禪坐的疲憊與沈悶。

四、坐禪與提問

時間：晚上七點至九點。

引導：先坐禪一小時半，然後，教師在觀察學生修持時的通病後，開示法要與策進禪修。然後由學生提問，教師則方便解答，以釋衆疑。

在修以上四方面禪法時，如有學生障礙特重，無法排釋時，可令專修準提法，除障後再依法修禪。若個別學生根利，已悟心地，即可令其直觀心地不必再依此禪法而行。

初級禪修的時間不必作硬性決定，一般待閱畢上述的二部著作後，而根器已經成熟，能夠勝任進一步的無依觀心禪法時，即可修中級禪法。

第四節　中級禪修的教學程式

中級的禪修重點在觀心上，故教師在引導正修之前，已詳細教授觀心之禪法，然後令其入於正修。

一、觀心禪坐

時間：每日早晨：三點至六點。晚上：七點至十點。

引導：初步先令依息而住，心凝然不動後，即捨息觀，以無著心直觀現前之心，不尋找、不排遣、不流浪，祇是不動地直照心體。此無著觀心法，不可生依待之執，應放下一切萬緣，單提現前一念。如在觀心時，疑情頓起，即可因疑起參，時時不離。

二、觀閱

時間：上午八點至十點。

引導：先令觀心片刻，次以無住心觀閱《指月錄》。閱到會心處即可置書入觀，神會體悟。如遇不懂處，不必再提問，祇是不理，不求甚解。閱到一定時間不想閱時，即不必再閱，祇是一心直照。

三、勞動

時間：下午二點至四點。

引導：令熟習動中觀心，直照心法，無住生心，不動禪寂，時時不離「這個」。

此級禪修，要超脫教師的依賴性，故教師不必多講，祇是無爲而隨應，成平等一體之境。同時學生也要離開「禪法」的執著，掃蕩一切，心無所住，祇是任其自然無作無爲。這樣學生在心理上就形成了不依外界的悟態，祇要在觀心中，打破業識的慣性，就能悟入實相。

此級時間也取決於學生的進程，一般需要一年左右。

第五節　高級禪修的教學程式

此級借緊鑼密鼓的禪七來修，使學生克期取證，透出重關，立證實相。故宜選在冬季，請大手眼的善知識來一同指導，齊施活用。

此級教授，一應禪堂古規外，還須注意以下幾點：

一、應請的禪師風格應與教師所教的相符不能節外生枝，造成相反的效果。

二、禪堂講開示不可落於俗套，應就機而啓，猛著精彩，使學生心靈頓開茅塞，豁證本來。

三、禪堂請益所不能免，但關鍵是識得來人問意，下答一定要使學生之心無迴旋的餘地，一棒打死，透過意識窠臼，一念迴光，自照本來。

禪堂專修，宜以七七四十九天爲好。禪七結束，也就是學生此一期學禪的畢業，悟與不悟自應由明眼善知識予以印證，本來之路也應一一予以指點，俾其道行不退，升進有路。

以上所論的禪學院的教學程式，純屬初步之探索。如能通過教學的實踐，積累成風格獨特的禪行方法，那麼將更有利於禪的弘傳。

禪的公案與悟境

公案聯羽

古人公案乃古人參禪悟道的機緣記錄。禪道本無今古，今人不妨於古公案中領略禪月道風，解悟、證契以會古人之妙。禪門不立文字而不離文字，公案之不可解者，因禪不在文字而貴心行；而公案之可學者，又因古月今夜照今人——今古不二。

開卷有益，於公案中，與師談、與禪者談、與諸聖談，是為學禪一樂事也。

昔世尊因外道問：「昨日說何法？」

曰：「說定法。」

外道曰：「今日說法？」

曰：「不定法。」

外道曰：「昨日說定法，今日何說不定法？」

世尊曰：「昨日定，今日不定。」

善說法者，當機而辯，逢場作戲，本無定法可說，但在說過之後，於衆生份上就是具有一定形式與意義的法了，不善聽者，便落在定法上生起妄執，滯於一途。然而衆生之個差萬別，心行日日不同，豈有定法可以規繩萬世？所以已說者不可變——已載於有形之文字故，未說者本無法——隨機而啓故。因此世尊說昨日定，是已形之音聲語言之法義；而今日不定，則正是法法無礙的圓妙活潑之機用。能把握此中要義，即知禪人的言語下搭處，全憑智慧之流星，而不拘泥古人及他人之文字也。

善立者妙在破，善破者旨在立。然而破無可破，一切法本來即真；本來即真故，立也無可立。破立俱泯，唯識、中觀一切諸宗從何而有？萬法歸宗，宗無可歸，即是真歸處也。

著名的「破灶墮」的禪案，很輕巧地舉揚了禪人悟入的一個關鍵問題。

過去隱居於嵩山的破灶墮禪師，一天領侍僧到灶神廟裏，用杖敲灶三下說：「咄！此灶祇是泥瓦合成，聖從何來？靈從何起？恁麼烹宰物命？」又敲打了三下，灶便傾倒破落了。片刻之間，有一青衣戴冠之人，到禪師前禮拜。禪師問道：「是甚麼人？」回答說：「我本此廟灶神，久受業報。今蒙師說無生法，得脫此處，生在天國中，特來致謝。」禪師問道：「是你的本有之性，並非由我說了纔這樣的。」那位神靈就再作禮拜而消失了。

神因受過去的業而墮此報，但福份較高，所以在受此報時，有許多靈應之事蹟，不僅百姓受感而求拜，且此神亦誤以為自己是聖能靈，故而偏執不去，經過禪師一番開示，妄執頓消，一靈之真心，便出此泥瓦之身，而生天界了。

做為人，揹背四大有漏的身體，加上無始的虛妄顛倒之妄見，也同樣受惑於自我之身心，如何破身執？又如何去心染？請看下面的對話：

少選，侍僧問曰：「某等久侍和尚，不蒙示誨。灶神得甚麼聖旨，便得生天？」

師曰：「我祇向伊道是泥瓦合成，別也無道理爲伊。」

侍僧無言。師曰：「會麼？」

僧曰：「不會。」

師曰：「本有之性，爲甚麼不會？」

侍僧等乃禮拜。師曰：「墮也，墮也！破也！破也！」

好一個泥瓦合成，別也無道理。會得此句便可達物我一如，便可掃蕩一切實執之心，便可回歸本有之性。

三藏十二部經，破執之具也。說教說禪，論理論事，無一不是破除衆生之妄執而令悟入本有之性也。因此，對佛祖種種開示言句，祇要能於句下破我心執，開我迷情，耳能於句下轉得身來，便可撥開迷雲，徹見青天。反之，如果以言句爲實法，死在句下，那麼，縱使一輩子鑽研禪教，也畢竟了無通玄消息可得。

佛法禪道，本來圓融不二。因此，或宗或教，或事或理，或解或修，原自一體。但衆生初入佛法禪道，總是隨習性而開發，因開發而現善根，因善根妙契纔得以悟入也。所以初學者不可無下手處。然而下手處本無錯與對，但如見理不明，立足有偏的話，那麽，儘管工夫很深，也是邪見外道。因此，性修應當一致。如古人講，全性起修，全修在性，即是理事不二的證明。

有一位西域崛多三藏，原是印度人。他在六祖大師的言下開悟。後來遊五臺山，遇一僧人結庵靜坐。

師便向他問道：「你一個人在這裏做甚麽？」

那僧回答說：「觀靜。」

師進問道：「觀者何人，靜者何物？」聽到挖根掘柢的話，這位僧人立刻感到面前站著的不是一般人，就立即起身禮拜，並問：「個中道理請師明示。」

師就道：「你何不自觀自靜？」

那僧聽後很是茫然。崛多師因而指點他到六祖那裏，纔得以悟入。

修行者總希望自己有所成就，但由於主觀意識上的限制，往往落在自我的小圈子裏，其中原因，一是自己的根性較劣，二是爲師的指示有誤。無論何種原因，一旦滯於劣見而行道，往往數十年不得出離。歷史上如智隍一流的例子比比皆是。因此，親近明師，指正方向，乃是學佛修行的一大關鍵。

方向既正，見處圓融，方便之行法便可善巧運用，能得相契者即可。因此，法無高下，平等一照，無修而修，妙在化轉。

談到具體的修途，就離不開放與提的問題。

放究竟要放甚麼？看看下面的公案也許會有所啓發：

世尊因黑氏梵志運神力，以左右手擎合歡、梧桐花兩株，來供養佛。

佛召仙人，梵志應諾。

佛曰：「放下著。」

梵志放下左手一株花。

佛又召仙人：「放下著。」

梵志又放下右手一株花。

佛又召仙人：「放下著。」

梵志曰：「世尊！我今兩手皆空，更教放下個甚麼？」

佛曰：「吾非教汝放捨其花，汝當放捨外六塵、內六根、中六識。一時捨卻，無可捨處，是汝免生死處。」

梵志於言下悟無生忍。

所謂放，就是放卻根、塵、識的十八界，根塵迴脫之際，靈光便得現前，即是免生死之處了。

許多學禪人，不懂得放，祇知道裝。裝進了很多的禪知識，同時也裝進了塵勞煩惱，卻沒有由忘而無，由放而空。如果祇落在目前的塵境下而不入「山不是山，水不是水」的大放境界，無論如何也難悟免生死處的一靈真知啊！

記得虛雲和尚的一位弟子問其師修行之道，和尚要他放下一切，他說已經把一切都放下了，虛老即教他挑起來。

挑起來，就是要提。提個甚麼？是要把一靈真心活潑潑地運用於人事之間、生活之中。祇知放，便落消沈二乘之地；祇知提，便著凡夫激情之中，唯有放盡後的提，纔是真實聖德的風格。

唐朝明州契此布袋和尚，即是如今塑在寺院金剛殿的彌勒化身。他經常手提布袋而化人，也經常以布袋的提與放來顯示禪之道妙。公案中云：

一日，有僧在師前行，師乃拊其背。僧回首，師曰：「乞我一文錢。」

曰：「道得即與汝一文。」

師放下布袋，叉手而立。

放下布袋，叉手而立，豈非道得了麼？但祇道得佛法一半。又：

白鹿和尚問：「如何是布袋？」

師放下布袋。

曰：「如何是布袋下事？」

師負之而去。

放下而後又負之而去，纔是禪門的活路，纔是通玄的妙關。一談到放提，人們往往便落在其中，放時以爲有物可放，提時又以爲有法可提，於是在佛道無門之中，便有趣向執著。過去

有僧問歸宗和尚：「如何是玄旨？」
歸宗答：「無人能會。」
又問：「向者如何？」
歸宗又答：「有向即乖。」
僧追問道：「不問者如何？」
歸宗反問道：「誰求玄旨？」
又指示說：「去！無汝用心處。」

有向與不向俱不對，那麼對於大道又如何措懷呢？此中妙義，假如有個可措懷的在，那即是埋沒自己靈知，即是擔板漢，兩頭不平穩了，這一頭不是，那一頭也不是，直得盡棄扁擔：放手空行，方能與佛祖並肩同行。

既然無向無不向，其中如何會有境界的好壞，何來光明、神通之執著，又有何位之可立呢？

大道是甚麼？禪又如何去會？既不立有無，那麼古人是如何體得自己主人的呢？

天默禪師一次去拜見石頭和尚。見面便問道：「一言相契即住，不契即去。」

石頭聞言據坐不動，天默禪師見狀回頭就去。

石頭隨後召呼道：「闍黎！」

天默回過頭來看叫甚麼。

石頭立即指示說：「從生至死，祇是這個，回頭轉腦作甚麼？」

天默禪師於言下大悟，於是折斷拄杖就長期依於石頭門下了。

日用現前，祇是這個，如能會得，正眼洞開，雖仍在途，而大道在即，不怕不圓證也。

大珠慧海禪師，初參馬祖時，馬祖即問道：「從何處來？」

答道：「越州大雲寺來。」

馬祖又問：「來此擬須何事？」

慧海說此出此行目的：「來求佛法。」

馬祖指示道：「我這裏一物也無，求甚麼佛法？自家寶藏不顧，拋家散走作甚麼？」

慧海不明其中宗旨，仍問道：「阿那個是慧海寶藏？」

馬祖親切指陳道：「即今問我者，是汝寶藏。一切具足，更無欠少，使用自在，何假外求？」

慧海於言下，自識本心。

禪本無奇特玄妙，了得祇是這個，便自訓本心。因此，珍惜此一靈真知，在日用事上出入自在，便能不斷發揚光大，如圓明之珠而光照法界也。

那麼，如何是用日事呢？

石頭和尚問龐居士道：「你見老僧以來，日用事作麼生？」

龐居士答道：「若問日用事，即無開口處。」

無開口處，即是自心妙用，不落凡情之分別。因此老龐就呈了下面的一首偈子，以闡述這個日用事的真諦：

日用事無別，唯吾自偶諧，
頭頭非取捨，處處沒張乖。
朱紫誰為號，北山絕點埃。
神通並妙用，運水及搬柴。

石頭和尚一見此偈，就肯定了他的真性自用中的日用事。

日用事是禪人的道，也是指示他人悟入的方便處，庭前柏樹子是它，吃餅喝茶也是它，伎女的歌，屠夫的刀，洗腳的水也無非是它。

過去崇信禪師，便是在其師天皇禪師的日用事的接引下而悟入的。

崇信因依師許多年，而不見師父有所指示，故於一日問其師曰：「某自到來，不曾指示心要？」

天皇禪師說：「自從你到來，我就未嘗不指示你心要。」

崇信問道：「在何處指示呢？」

天皇禪師說：「你端茶來的時候，我替你接過來喝，你拿食物來時，我接受供齋，汝頂禮我時，我就低頭受禮，這些日用事中，我那裏不曾指示你心要？」

崇信低頭沈思了許多，天皇指示說：「見則直下便見，擬思即差！」

崇信當下開解。

開解即心地脫纏，頓見本性。

崇信開解後，又問師父說：「如何保任？」

天皇禪師開示說：「任性逍遙，隨緣放曠。但盡凡心，別無聖解。」

從生活禪、日用事裏透過的禪人，就是走任性逍遙，隨緣放曠的自在之路。但不應再起凡心，也不可落在聖解上，祇是無心而應，無爲而作。即是大道現前了。

禪本無淺深，祇要符合於正道，了斷妄執，即是行人的得益處。但嚴格說來，禪的證境又是無止境的，所以禪人一旦悟後，也應無止境地修無修之修，其中層層意境，非到家者不能知其項背。閑來常讀雪峯禪師的上堂開示，時覺有所獲益。其中一段，更是精妙絕倫：

佛道閑曠，無有程途。無門解脫之門，無意道人之意。不在三際，故不可升沈，建立乖真。非屬造化，動則起生死之本，靜則醉昏沈之鄉。動靜雙泯，即落空亡。動靜又收顱頂佛性。必然對塵對境，如枯木寒灰，臨時應用，不失其宜。鏡照諸像，不亂光輝。鳥飛空中，不雜空色。所以十方無影佛，三界絕行蹤。不墮往來機，不住中間意。鐘中無鼓響，鼓中無鐘聲。鐘鼓不相交，句句無前後。如壯士展臂不藉他力。獅子遊行，豈求伴侶？九霄絕翳，何在穿通？一段光明，未曾昏昧。若到這裏，體寂寂，常的的，日赫焰，無邊表。圓覺空中不動搖，吞爍乾坤迥然照。

夫佛出世者，原無出入，名相無休，道本如如。法爾天真，不同修證。祇要虛閑不昧作用，不涉塵泥，個中纖毫道不盡，即爲魔主眷屬。句前句後，是學人難處。所以一句當天，八萬門永絕生死，直饒得似秋潭月影，靜夜鐘聲，隨扣擊無虧，觸波瀾而不散，猶是生死岸頭事。

道人行處，如火銷冰，終不卻成冰。箭既離弦，無返回勢。所以牢籠不肯住，呼喚不回頭。古聖不安排，至今無處所。若到這裏，步步登玄，不屬邪正，識不能識，智不能知，動便失宗，覺即迷旨。二乘膽顫，十地魂驚。語路處絕，心行處滅。直得釋迦掩室於摩竭，淨名杜口於毗耶。須菩提唱無說而顯道，釋梵絕聽而雨花。若與麼見前，更疑何事沒棲泊處？離去來今，限約不得，心思路絕。不因莊嚴，本來真淨，動用語默，隨處明了，更無欠少。

時復斯言，大道灼然可見。然則，雖安一字不得，隨緣度生也不得不廣施方便，故宜由禪通教，達言了旨，方能順逆縱橫自在而拈也。

淨田禪師的一喝公案，分明舉出了一個禪者深達禪教一致的真智慧。

在一個十大法師，禪講千僧的大法會上。

有善華嚴者，乃賢首宗之義虎也。對衆問諸禪曰：「吾佛設教，自小乘至於圓頓，掃除空有，獨證真常。然後萬德莊嚴，方名爲佛。嘗聞禪宗一喝，能轉凡成聖，則與諸經論似相違背。今一喝若能入吾宗五教，是爲正說；若不能入，是爲邪說。」

聽了這一提問，許多禪者都看著淨因禪師。在徽宗皇帝參加的這一法會上，這一問題無疑關係到禪宗自身能否立世的關鍵所在，如果禪不能攝教義，即非正道了。禪教雙圓的淨因禪師，並沒有被難倒，出頭來謙遜而說：

如法師所問，不足三大禪師之酬。淨因小長老可以使法師無惑也。

於是淨因禪師叫了一聲：「善華嚴。」善華嚴便答應一聲。禪師先就五教義而闡釋道：

「法師所謂法小乘者，乃有義也。大乘始教者，乃空義也。大乘終教者，乃不有空義也。大乘頓教者，乃即有空義也。一乘圓教者，乃不有而有，不空而空（**或作空而不有，有而不空**）義也。如我喝，非唯能入五教，至於工巧技藝，諸子百家，悉皆能入。」

禪師言畢，震聲喝一喝，問善華嚴說：「你聽了麼？」

回答說：「聽到了。」

禪師說：「汝聞此一喝是有，能入小乘教。」

片刻又問善華嚴：「你現在聽得見麼？」

善華嚴答：「聽不見。」

禪師論道：「汝既不聞，適來一喝是無。能入始教。」

言罷又對著善華嚴說：「我初一喝，汝即道有，喝久聲銷，汝復道無。道無則無初實初，道有則有而今實無。不有不無，能入終教，我有一喝之時，有非是有，因無故有，無一喝之時，無非是無，因有故無。即有既無，能入頓教，須知我此一喝，不作一喝用。有無不及，情解俱忘。道有之時，纖塵不立。道無之時，橫遍虛空。即此一喝入百千萬億喝，百千萬億喝入此一喝是故能入圓教。」

善華嚴聽了淨因禪師一喝妙理，立即起身拜了再拜。淨因並未就此罷休，接著又發揮道：

「非唯一喝為然，乃至一語、一默、一動、一靜，從古至今，十方虛空，萬象森羅，六趣四生，三世諸佛，一切聖賢，八萬四千法門，三千三昧，無量妙義，契理契機，與天地萬物一體，謂之法身。三界唯心，萬法唯識，四時八節，陰陽一致，謂之法性。是故《華嚴經》云：「『法性遍在一切處，有相無相，一聲一色，全在一塵中含四義。事理無邊，周遍無餘，參而不雜，混而不一。』於此一喝中，皆悉具足。猶是建化門庭，隨機方便。謂之小歇場，未是寶所。殊不知吾祖師門下，以心傳心，以法印法，不立文字，見性成佛。有千聖不傳底向上一路在。」

虧得有這向上一路，纔使聞者歎仰。

從淨因的作略上，可以看出禪者通教善說的重要性，不僅要通教，且要有豐富的現代知識，有識機處世的善巧方便，如此纔能使這一顆玲瓏透明的禪心，在當今的時代裏，起著無可限量的作用，纔能使禪的真精神遍地開花，奉獻給人類純真無尚的皈依處。

禪機新說㈠

禪師在室，據中而坐，來客從門而入，見破屋舊檐，不堪風雨，便問道：

「近日秋雨連綿，不知有漏無漏？」

禪師云：「天上地下一片，連你也浸在其中！」

「自離杭城，未測西湖水是淺是深？」

禪師舉指道：「是淺是深？」客無語。

溫州禪客剛好到來，一把抓住禪師的手說：「我打你痛不痛？」

禪師儼然不動說：「連別人打你我也痛！」

一學人默然而坐，不發一言，禪師問云：

「南嶽破馬祖打坐，貴於悟心，你如今坐也不坐？」

學人答云：「坐時不坐，不坐時正坐！」

禪師追問道：

「你是在井裏還是在井外？」

「學人處無有井之可見，何有裏外之分？」

一研究生忽插話云：

「禪師曾舉鏡子公案，未知此刻是明是暗？」

學人直視云：

「你喚甚麼作明暗？」一座無語。

一大學生從無錫來上海，問：

「禪機我不會，佛法也未悟，祇是如何是『一絲不掛』？」

禪師云：「你未曾到上海！」

一學生離家尋師，禪師問道：

「學佛爲甚麼？」學生無言以答。

禪師訓斥道：

「回家！」學生頓感親切而淚下。
又一行人再拜禪師，師云：
「為何還不回家？」
「家在何處？」行人問道。
禪師直指云：「祇貴自知，何須問人？」
有人問南方禪師講禪論道：「未審見地如何？」
禪師截住云：
「止止不須說！」
一比丘尼問：「如何是一合相？」
禪師舉起茶壺云：「這個是！」
有人問：「據說南山閑人已超祖位，不知機用如何？」
禪師分斷云：「祇知清閑，未辨空忙！」
有語頌曰：

點燃舊油燈，捧起破沙盆，

一杯源頭茶，話東卻道西。
應機無倒說，酬客說為夢，
穿透根塵甲，妙語不見禪。

禪機新說(二)

雲山霧路，九折十彎，過來人一身輕快，一路平直，那正是春花爛漫，清風飄香的時節。

禪師虛步而行，衆弟子無心而隨。到了蔭鬱的參天古樹下，禪師指向前山說：「古時五臺山下有婆子，凡行腳僧問臺山路怎麼走，都答以：『驀直去！』當時人走過之後，又下語道：『又一癡漢上當了！』」後來被趙州勘破，諸位！趙州老人到底勘破個中甚麼道理？」

一學生回答說：「時人衹知假相的山路，未明參禪的心路，老婆指示用功的方法，故云：『驀直去！』趙州即勘破他如此用意。」

禪師又問：

「如有時人問路於你們，如何將自己的日用方便以示人？」

各位弟子依次而答云：

「跟著師父上。」

「照上山的路線上。」

「祇管上。」

「注意腳下平直去。」

「虛行無上下，了然古時路。」

最後一位翹起腳板，向虛空一踩。

禪師評斷道：「有唱師家曲，有吟自家調，到底無聲琴，能演無無禪！」

諸位不知你是那一類？其中笨、法、覺、觀、悟、妙又如何分斷？試參看！

一行上得頂峯，長嘯振喝，雲空分明，遍觀諸山，一眼所現，於是空手而回，閑坐品茶。

禪師指著庭前柏樹考驗大衆說：

「當年趙州『庭前柏樹子』，諸位還見麼？可各呈一偈以述見地。」

明性不動本座說道：

前後俱無見，左右恰逢源，
萬法一性融，何必再指陳？

明心到了樹前搖動樹枝說：

的的祖師意，古今原無別，
塵累消括盡，依然柏樹是。

明機把手中的茶水往柏樹一潑說：

倒卻柏樹子，了盡古今心，
杯中空無物，瞬目亦非意。

明德合掌慈目而說：

萬德顯本性，借假顯妙真，
平常庭前樹，正果從根生。

明達閉目而云：

從來閑語言，都說難思面，
透得境外心，塵斷趙州樹。

明行一邊品茶一邊云：

禪樹自有風，無庸它方頌，
論理小兒戲，一行了萬機。

禪師一拍桌子，徑自拂手而去，從此不復再見。

有語頌曰：

拾來古人機，問向山路時，
智眼隨步轉，大歇空外身，
自家風調足，歷落峯頭雲，
誰知拂手去，從此不見師。

禪機新說㈢

海印虛舟，彼岸中流，願行直航，尺浪重波，一水天際，一性逍遙。有一行人，越出師門，歸來無為，不傳師法，不宣師旨，無宗無派，離悟離迷，種一片自家田地，畫一個無樣葫蘆，率性天真，更絕緣慮。有禪客來問：

「師承何家禪法？」

「元音無寄。」

「何為元音無寄？」

「因為佛未曾說過，祖師不許道著！如今更無可繼承！」

「如何方能見性？」

「不見見！」

「如何是明心？」

「眼前無異物。」

「如何是道？」

「離開不是。」

「學人欲求個實修的下手方法。」

「不昧！」

「如何是不昧？」

「竹綠水清。」

「如何是悟？」

「不許向人問！」

「如何是不悟？」

「忙向荊棘林！」

「參禪、止觀、持咒、念佛是否都可以修而悟道？」

「雞鳴日出天下白。」

「爲甚麼當今人悟道這麼難？」
「黑海裏翻波。」
「如何參拜明眼宗師？」
「看透天下不是明師的假相。」
「如何依止善知識？」
「似水合水。」
「參禪人吃素還是吃葷？」
「不知是饑時是飽時？」
問客無語。
「目前禪文字很多，不知看文字是，還是不看文字是？」
「從門入者皆非真。」
一日僧問：
「西方三聖塑像在此，真佛那裏去了？」
「對面不相識，何論東與西？」
有住山僧來相見，問：

「如有老虎逼於崖前，退後是深淵，向前即被虎吞，此時如何？」
「空中騎虎歸。」
「如何騎？」
「轉身即是。」
一年輕學人進問：
「悟前如何用功？」
「直向看處看。」
「悟後如何用功？」
「哺養新生兒。」
「長大後如何？」
「蓋天蓋地去！」
「如遇障礙怎麼排除？」
「虛空不說人過。」
「如何超越四相？」
「行雲流水。」

「不知如何融會臺、禪、密、淨四宗法行？」

「身眼手腳！」

「向外說自己開悟的人是否是真開悟？」

「不是家裏人。」

「自己認爲自己開悟了是否開悟？」

「落。」

「煩惱來了怎麼辦？」

「他鄉客。」

「如何調伏習氣？」

「日出溶卻西山雪。」

「如何說法？」

「互換。」

「如何起機用？」

「虛空裏藏不得。」

有語頌曰：

行回源流機，饒舌恁麼時，
深海澄波光，純種水裏田，
無孔笛聲揚，曲孤無人接，
萬派消歸海，千山也倒嶽。

禪的詩偈與要訣

秋日禪語

秋風吹過大地的時候，
禪在秋的機緣裏，
發現了紅葉與白雲的悠悠，
那一顆富具禪思的心，
便在無處不禪的天地裏，
神往那幽邃奧祕的
祖師西來意。

就在那凝思反觀中，
透過這白雲紅葉的
古老深山
頻頻傳來古寺的鐘聲。
這不是隱修開士，
借那激越的鳴響傳遞，
禪的消息麼？

是渾渾然然的深密混沌，
是寂寂茫茫的奧祕無爲，
使思維無法攀緣，
意念難以把捉。

禪人的心，
在嚮往中尋尋覓覓，

荒蕪已久的古路，
終於呈現在面前。
也終於用那一雙，
嫩嫩的腳，
磨礪在荊棘佈滿的，
無路之路上——
高處隨其高，
低處任其低。

於是在心的底層，
如幻如化地看到，
山在移變；
雲在流轉；
水在吟唱。
祇是那悠悠的鐘聲，

不知何時失落
在何方。

行行復行行，
當那不勝倦怠的腳，
翻過那無比沈重的山嶺時，
那沈重的世界，
也同沈重的身心一樣，
在無聲無息中：
休去、歇去。
寂寂然地覺受，
湛湛然地慧照，
卻把妄知滌盡。
於是，
山不再是峯巒疊翠；

雲不再在漫遊空際；
水不復爲奔流歎息。

不知在何時，
不知在何方——
驀然間，
卻響遍了禪的鐘聲！
真音到處，
山有了秀色歡顏；
雲有了美妙莊嚴；
水有了自在方便。

於是禪人的心，
偕著秋天的風，
在白雲與紅葉間，

爲那不知處的古寺，
敲響了又一陣鐘聲。
於是秋天的行人，
豁然悟得——
秋是禪的秋，
禪不是秋的禪。

悟

那一條無路之路亙古亙今，
那一扇無門之門常閉常開，
自從走向禪的世界，
威音王畔的消息便頻頻傳來。
不用說悟的靈思；
不必論擊石之證，
祇有在㘞地一聲下，
　泯絕了身心；

粉碎了虛空，
融在此刻的唯是自性光明。
當死後復甦青天又是白雲自在，
於是空空手中既有無數星雲的沈浮；
復合三際的始始終終，
無心的心裏明鑑一切而即事即理；
印照緣起乃世即出世。
因而就在性相交融的當下，
呈露的祇是一片寂靜光明。
質疑者曾問：你雖有總持的力量；
明照的智慧，
圓明的功德，
可那兒是你腳跟立處？
我以無言之言暫作標月之指：
——當見於即相無相；

如聞於大聲希音，

在覺而無覺之時，

曾或知知不知之際，

於是那無形的腳跟，

便不立而立。

此地没有言説，

此刻無法「見取」，

假如你欲證知超越的便應超越。

當到無離不離，

靈智不再徘徊，

豁然頓現的因緣時節，

把你帶進禪的世界：

一相空靈；

一性如如。

假如你返照而神會，

一把拎住的便是那頓悟的契機！
十分的親切，
萬般的自在，
那無量的受用就在永恆的此時此刻，
沒有佛而即佛；
不離生而無生，
你恍然明徹無遺：啊！你原來就是我！
而我卻說：我並不是你。

秋雨閑語

無夢的季節看
如夢的世界
雨在飄逸的
風裏透出閑的詩意
秋就像秋的本身一樣
凝思
落葉與細雨
變幻了如空的牖與

牖裏的禪坐
生起的覺意直向
悠悠虛明

那時，歸來小屋窗前的秋雨
生命在歷經熱烈的激奮
終止於平凡而孤寂的
禪思
不應把往事滯留
識田，因著智照而
清澈無痕
儘管細雨仍舊
落入

我看那個看雨的看

祇見雨與看的釋離
明與空便超然
剩下那絕相的看
安住於原本的地方
無語的此刻
僅有了心的默然

法爾的自然呵
躍然於心的自顯上
無夢的心看夢的
變幻，明淨的秋雨
也就有了
生生不息的妙態

開悟要訣二十頌

一　正解

全然心是佛，迷惘生二邊，
離相當體歸，窮源真靈妙。

二　正念

持念入法行，內外消括盡，
一心自然空，怡然慧水充。

三　正觀

立斷中道落，觀知無寄明，
從容照目前，有無皆不住。

四　正知

妄知浮塵緣，真知了蹤迹，
一念出關山，新新唯覺知。

五　不立

養道深谷內，山峯從中顯，
一任升平曲，終究無奇異。

六　不擇

虛舟順河流，海印萬象真，

空手荷鋤歸，南山悠然見。

七　不遷

雲過羣山頭，空自不遷流，
變幻萬有相，一合法爾常。

八　不生

本位無移異，了然目前機，
圓活無盡用，還同未生時。

九　了境

真知了萬境，境了智亦空，
茶中自無味，整然由心生。

十　了心

朗然知心照，照用原無體，
一應羣芳研，妙處全無心。

十一　了悟

神悟無心知，妙知卻非悟，
全體是一個，說似猶成妄。

十二　了性

湛然無際空，言思都消融，
從此人不識，宛然不滅中。

十三　鏡喻

圓鏡無臺照無邊，來去不動顯萬機，

美醜依舊呈姿態，正是無為即有為。

十四　海喻

一入海中便無我，千波萬浪不再出，
載舟擊岸別無事，為使元音傳家事。

十五　空喻

無際空顯無邊相，無邊相際任運知，
明空無礙呈大力，透徹萬法超功勳。

十六　光喻

光照萬有類自分，靈根妙應早發芽，
一俟時至花正開，花光同歡笑太平。

十七　互字

體用互回痕迹空，自他互換方便同，
因果互知妙智顯，理事互融平常心。

十八　妙字

妙知無知頭腦知見空，妙行無行身心無為同，
妙悟非悟自然朗照顯，妙證非證法爾實相心。

十九　絕字

照時絕照照無可照，寂時絕寂寂無可寂，
絕時絕絕絕無可絕，絕待遊戲絕了無絕。

二十　圓字

圓見妙見千差萬別總是圓，圓行妙契塵剎法門總入圓，
圓機妙應赴感恆順總顯圓，圓道妙存一性常光總無圓。

十歸頌

圓會一切知見歸於無見，痛除一切欲念歸於淨念，
消融一切隔閡歸於平和，跳出一切有為歸於無為，
破除一切執著歸於空明，覺了一切萬法歸於一性，
明察一切因果歸於無作，隨應一切緣起歸於無緣，
印證一切境界歸於自心，運轉一切機用歸於法界。

心法二十要

修養道德以立本，明解正理以發心，
棄欲忘塵以歸根，參學明師以得旨，
一心正持以入定，正觀明了以開慧，
離相無住以超境，頓脫根塵以見性，
透徹方法以照心，調伏身心以卻障，
化轉習氣以淨德，安住本位以無為，
博通經論以達智，圓融世諦以和塵，
妙達因果以了照，示傳正法以利世，

方便道場以安眾，自然宗風以行化，
十方圓明以成就，隨緣應化以究竟。

行人二十種病氣

怯弱氣

認為自己根淺慧薄，無力勝任大道，應發大願，立大志而向上發心也。

孤僻氣

生性孤僻，心量狹窄，不和合於大衆，應放開心量，方便利濟羣生。

出頭氣

利用宗教出頭，拉幫結派，而欲為人上人，應放下做頭思想，歸於無為。

神祕氣

心懷計謀，不能直心而行，處處顯示神祕蹤影，應坦平無私而對大衆。

奇異氣

宣揚自己功高，悟境妙，處處當衆顯示自己，應歸於平常，普通而不做作。

貪著氣

以法位而享受人世間的名利供養，不知惜福，反而貪心不止。應放捨貪心，儘量節約，以培後福。

傲慢氣

以學識禪功執於心中，貢高我慢，看不起他人，應平和而化人我之見，謙虛下懷，接納衆人之德行。

執病氣

有障不去，有漏不消，自以爲安心即可，不知總成病障而不得成就。

焦慮氣

懼怕自己不開悟，顧慮修道時長，心中老是不安，應安心於法，一往直前，總有到家的一日。

計較氣

在師門中計較人我，分辨好壞，不能無心而行，應放下計較，平等無住。

不安氣

無論在何處都不得安心，老是轉換地方找法門，應從內心推究不安的原因，使自心安忍不動，隨遇自在。

法行氣

太在意於法行，不能出離法執，難以變通應機，應神悟而歸本，以無住本，而方便立一切法。

神通氣

因定或法而通，雖爲利益衆生，而不知含藏，造成行人的嚮往與執取。故應隱其通而使妙慧達道，自證而利人。

成就氣

道業成就而流露非凡的氣質，使衆人尊而敬之。於是影響凡俗，造成麻煩，應化去道氣而歸於平凡，無道可尋，點化無類。

無知氣

於佛法無正知見，不明事理，終日隨隊打轉，應警覺自心，省悟不昧，開發心智而得旨。

世俗氣

雖修心法，卻全以世俗眼光來看問題，不能離欲，應超脫塵俗之累，一心向道，清淨無爲。

急進氣

急功近利，過份執著用功，反使身心不平衡，應放下求得之心，而無心用功。

懈怠氣

不願打坐觀照，任其妄念紛飛，而不制止化轉，應精進一心，勇猛無畏，方能透過妄境。

剛愎氣

自以爲悟道，不聽他人善言，也不印證明師，結果落在知見裏，也不得轉身。

不和氣

看到他人或他宗殊勝，即不服氣，硬與人爭辯高低，結果傷了和氣，失去了心地法喜。

行法的人

—

行透了世間的行，
觀遍了法的真觀，
以徹底回歸的心，
剝落了塵緣的苦澀，
以歡樂的尋求之志，
踏上了道的正路。

二

行法的人滿是信任，
全部融入師與法時，
真誠便升騰而起，
覺知消落了自我意識，
殺那頓現爲明朗靜空，
讓慧風吹過，
化解爲不仁的靈悟。

三

行法的人覺知相繼，
在心法交融的盡頭，
實現爲無寄的真實，
念與空不異的當下，

跳出有爲的故園，
與覺知一同掉落，
空無邊際的性海。

四

行法的人無法可行，
願行次第與境界，
不再成爲問題，
見修行果早已，
顯爲一體的靈明，
流布在平常處，
自然全現活潑的真機。

五

常光無盡妙用無邊，

無人的人應用無法的法，
花開花落人來人去，
正是妙有的化身，
一念萬年的法爾，
圓消十方的森羅，
此時此刻，
我們無法用名言，
稱之爲佛陀！

國家圖書館出版品預行編目資料

佛教禪關入門 / 宋智明著. -- 初版. -- 新北市：華夏出版有限公司, 2024.03

面； 公分. --（圓明書房；054)

ISBN 978-626-7393-28-4（平裝）

1.CST：禪宗 2.CST：佛教修持

226.65 112022025

圓明書房 054

佛教禪關入門

著　　作　宋智明

出　　版　華夏出版有限公司

220 新北市板橋區縣民大道 3 段 93 巷 30 弄 25 號 1 樓

電話：02-32343788　傳真：02-22234544

E-mail：pftwsdom@ms7.hinet.net

印　　刷　百通科技股份有限公司

電話：02-86926066　傳真：02-86926016

總 經 銷　貿騰發賣股份有限公司

新北市 235 中和區立德街 136 號 6 樓

電話：02-82275988　傳真：02-82275989

網址：www.namode.com

版　　次　2024 年 3 月初版一刷

特　　價　新臺幣 540 元（缺頁或破損的書，請寄回更換）

ISBN：978-626-7393-28-4